Gaudo / Kaiser · Lachend lernen

Für Nele und Amelie

Felix Gaudo / Marion Kaiser

# Lachend lernen

## Humortechniken für den Unterricht

2. Auflage

BELTZ

*Felix Gaudo* hat Schauspiel studiert und arbeitet seit über 20 Jahren als Moderator, Comedian, Speaker und Trainer für Wirtschaftsunternehmen und Bildungseinrichtungen. Seit fünf Jahren engagiert er sich nebenberuflich für »Die Clown Doktoren« und arbeitet als Dozent und Humortrainer für die Stiftung Humor Hilft Heilen von Eckart von Hirschhausen. Darüber hinaus gibt er Seminare und Workshops für Führungskräfte, Ärzte, Pflegepersonal, Lehrer, Lehramtsstudenten und Erzieher. Homepage: www.felixgaudo.de

*Marion Kaiser* studierte nach dem Abitur an der Pädagogischen Hochschule in Heidelberg. Sie arbeitet seit knapp 20 Jahren als Lehrerin an hessischen Grundschulen, auch im sozialen Brennpunktbereich. Sie ist Mutter von zwei Töchtern.



Dieses Buch ist erhältlich als:
ISBN 978-3-407-63171-8 Print
ISBN 978-3-407-63208-1 E-Book (E-PUB)
ISBN 978-3-407-63209-8 E-Book (PDF)



2. Auflage 2020

Lektorat: Dr. Erik Zyber
Umschlaggestaltung: Michael Matl
Umschlagabbildung: iStock © lisegagne
Foto auf S. 8: © Ben Knabe
Illustrationen: Gerhard Straeter

Herstellung und Satz: Victoria Larson
Druck und Bindung: Beltz Grafische Betriebe, Bad Langensalza
Beltz Grafische Betriebe ist ein Unternehmen mit finanziellem Klimabeitrag (ID 15985-2104-1001).
Printed in Germany

Weitere Informationen zu unseren Autor:innen und Titeln finden Sie unter: www.beltz.de

# Inhalt

# Humorvoll unterrichten

*Vorwort von Eckart von Hirschhausen*

Ein kleiner Test – fragen Sie sich mal: Was wissen Sie noch von einem Vortrag, den Sie vor einem Jahr gehört haben? Was von einer Tagung oder einer Präsentation? Was von Ihrem liebsten Lehrer in der Grundschule? Was bleibt wirklich hängen?

Richtig: wenig Fakten, aber viel Stimmung und Motivation. Herrn Rieks habe ich nie vergessen. Mein erster Mathelehrer, das ist 40 Jahre her. Aber warum erinnere ich mich an ihn? Er war witzig, hat kleine Cartoons an die Tafel gemalt, und die ganze Stunde habe ich aufgepasst, weil ich diesen Moment nicht verpassen wollte, in dem es wieder etwas zum Lachen gab. Stimmungen bleiben haften, und noch heute schmunzle ich, wenn ich an Herrn Rieks denke. Er kannte das Einmaleins der Vortragskunst: »Du darfst alles, nur nicht langweilen!«

»Nicht alles, was man mit einem ernsten Gesicht sagt, ist deshalb schon vernünftig«, so der Schriftsteller Georg Christoph Lichtenberg. Und schon habe ich den ersten Fehler gemacht: gleich mit einem Zitat angefangen. Dabei wissen Sie ja noch gar nicht so richtig, wer ich bin und was dieses Vorwort soll. Beim Lesen ist das nicht so tragisch: Sie können eine Stelle notfalls noch mal lesen. Beim Hören können wir nicht zurückblättern und beim Fernsehen und im Unterricht auch nicht. Aber wir können abschalten.

Also noch einmal von vorn: Guten Tag, mein Name ist Eckart von Hirschhausen, ich habe Medizin und Journalismus studiert, lange als Fernsehmoderator gearbeitet, und am liebsten mache ich nachhaltige Komik – Kabarett mit Nebenwirkungen. Ich verbinde gerne anspruchsvolle Inhalte mit einer ansprechenden Form. Statt Fakten mit Langeweile bringe ich lieber Langzeitwirkung mit Witz. Und das geht! Seit über 20 Jahren stehe ich als Komiker und Moderator auf der Bühne.

Meine pädagogische Ader liegt in der Familie. Meine Schwester ist Lehrerin, meine Mutter hat auf Lehramt studiert und väterlicherseits gab es Generationen von Pastoren, die ja auch versuchen, etwas zu vermitteln. Deshalb habe ich großen Respekt vor jedem Lehrer, der jeden Tag vor dem gleichen Publikum auftreten muss. Bei mir wechselt es ja, und deshalb komme ich auch eine ganze Weile mit dem gleichen Programm hin. Sie nicht.

Deshalb unterstütze ich Sie gerne mit ein paar Tricks aus meiner Bühnenerfahrung (siehe Anhang). Denn auch ein Lehrkörper will gekitzelt werden. Gute Lehrer brauchen gute Stimmung. Erst bei sich, und dann in der Klasse. Humor ist lernbar und steckt an. Für alle Lehrer, die den Ernst des Lebens satt haben, gibt es jetzt dieses Buch: »Lachend lernen«. Prädikat: pädagogisch höchste Zeit!

Marion Kaiser und Felix Gaudo haben hier zusammengetragen, was Sie über Ihr eigenes Stimmungsmanagement wissen und in der Klasse anwenden können. Beide

kenne ich schon seit Jahrzehnten. Felix war als Komiker mein erster Bühnenpartner und hat mir die Welt der Bühne erst richtig schmackhaft gemacht. Marion, seine Frau, ist Lehrerin an einer Grundschule – und die Kombination der beiden macht dieses Buch einzigartig.

Meine Stiftung Humor Hilft Heilen verfolgt das Ziel, die wissenschaftlich revolutionären Ideen der positiven Psychologie in der Praxis anzuwenden: im Gesundheitswesen und in der Bildung, denn die Gesundheit folgt der Bildung. Und deshalb sind für mich Lehrer mindestens so wichtig wie Ärzte. Jeder Lehrer, der einem jungen Menschen beibringt, neugierig zu bleiben, Freude mit sich und der Gemeinschaft zu haben, ein positives Verhältnis zu seinem Körper aufzubauen, zu singen, zu tanzen und mit Rückschlägen umzugehen, hat zu dessen Gesundheit unendlich viel beigetragen. Jeder Schüler, der nicht mit dem Rauchen anfängt, weil er positive Vorbilder und ein starkes Selbstwertgefühl hat, hat zehn extra gesunde Lebensjahre vor sich. So einen Effekt hat keine Tablette, keine Operation, kein ärztliches Handeln. Deshalb bin ich Schirmherr für »Klasse 2000« und »Be smart – don't start«. Für die älteren Schüler bin ich mit der Bundesligastiftung in dem Projekt »Lernort Stadion« aktiv.

Das nur am Rande und zu meinem Hintergrund. Im Vordergrund geht es ja hier um Humor, der aber gar nichts Vordergründiges oder Oberflächliches ist, sondern für mich eines der besten Signale für Lebensfreude und spirituelle Reife. Denn Menschen, gerade wenn sie gestresst oder krank sind, brauchen positive Impulse, authentischen Kontakt und etwas zum Lachen – Lehrer wie Schüler und Eltern. Aus der Forschung um die Zusammenhänge von Leib und Seele, Stimmung und Immunsystem oder Resilienz und Burnout ist sonnenklar: Heilung braucht eine heilsame Umgebung und gut gestimmte Menschen. Seelenhygiene ist genauso ernst zu nehmen wie Desinfektion und Tafel wischen. Humor, Achtsamkeit und Selbstfürsorge sollen zentrale Elemente in der Lehrer-, Pflege- und Medizinerausbildung werden. Und solange das noch dauert, sorgen Sie bitte gut für sich und holen sich diese Anregungen in »Stillarbeit« – so wie auch dieses Buch. Damit Sie der Lehrer werden, den man gerne hat!

Viel Freude mit »Lachend lernen« und erst recht in der Anwendung wünscht Ihnen

*Eckart v. Hirschhausen*

# Einleitung

*»Am vernünftigsten ist es, nicht allzu vernünftig zu sein.«*
Viktor Frankl

In unserer Familie sind die Rollen klar verteilt: Ich bin gelernter Clown und Schauspieler, meine Frau ist gelernte Lehrerin. Ich versuche meine Familie zum Lachen zu bringen und Marion entscheidet in Erziehungsfragen. In unserem Haus wird tatsächlich sehr viel gelacht, und dank meiner beruflichen Kontakte gehen die Komiker bei uns ein und aus. Unsere Töchter lieben es, wenn Bühnenkollegen vorbeikommen, beim gemeinsamen Essen zaubern und die neuesten Witze erzählen. Dennoch kam über viele Jahre keinem von uns der Gedanke, diese Humorkultur auch in die Schule zu tragen.

Eines Tages schickte Eckart von Hirschhausen per Post einen Vorlesekoffer für Schulen und Krankenhäuser zu uns, als ein Geschenk für Marions Klasse. Zusammen mit der Stiftung Lesen hatte er mit seiner Stiftung Humor hilft Heilen eine Auswahl an Vorlesebüchern zusammengestellt. Voller Freude öffneten wir den Koffer, in dem sich auch ein Witzebuch für Kinder befand. Alle Bücher hielten Einzug in die Leseecke des Klassenzimmers. Typisch Eckart, das war ihm bestimmt wichtig in den Gesprächen mit der Stiftung Lesen, dass auch ein Witzebuch in den Koffer kommt! Auf diese Idee kämen eben nur Komiker, so meine Frau.

Aber warum eigentlich nicht? Warum nicht auch mal einen Witz vorlesen? Warum nicht den Wortwitz entdecken und gemeinsam darüber lachen?

Von diesem Tag an änderte sich die Rollenverteilung in unserer Familie. Plötzlich ging nicht nur ich auf die Suche nach guten Witzen, sondern auch meine Frau, die von unseren Töchtern am Mittagstisch gefragt wurde: »Mama, was war heute bei euch der Witz des Tages in der Klasse?« Das Interesse an Witzen und die Wertigkeit von Humor hielten auch im Kinderzimmer Einzug. An der Tür der ältesten Tochter hängt jetzt regelmäßig der Witz der Woche – ein Ritual, das sich großer Beliebtheit bei Freundinnen und Verwandten erfreut.

Meine Frau begann sich mit dem Thema Humor intensiver zu beschäftigen. Sie las Literatur darüber und fand Gefallen daran, ihre eigene Humorfähigkeit zu trainieren. Sie fing an, Situationen humorvoller wahrzunehmen und die Komik in vielen Stressmomenten zu entdecken. Sie war sich dieser Fähigkeit bislang nicht bewusst beziehungsweise hatte sie noch nicht ausprobiert. Meine Humortrainingstipps ließen sich leicht umsetzen – mit teilweise sehr humorvollen Konsequenzen. In Gesprächen wurden ihre Kolleginnen neugierig und begannen, sich ebenfalls für das Thema zu interessieren. So entstand eine Sammlung von Tipps und Techniken, wie der Humor Einzug in die Schule halten, die Lehrergesundheit schützen, die Lernatmosphäre stärken und das Lernen beschleunigen kann. Schon Pestalozzi hat gesagt: »Lache dreimal am Tag mit deinem Kind!« Dabei geht es nicht um noch mehr Unterrichtsvorbereitung oder um Sahnehäubchen, die Lehrer den Schülerinnen und Schülern servieren sollten. Es geht vielmehr um das Öl im Getriebe der eigenen Arbeitsfähigkeit. Es geht darum, mit Humor länger Spaß am Lehrberuf zu haben. Es geht darum, seine Klasse mit einfachen Techniken zum Lachen zu bringen.

Das Ergebnis unserer »Humorforschungen« liegt vor Ihnen. Keine Sorge, Sie sollen nicht zum Komiker ausgebildet werden, sondern lediglich ein paar Tipps bekommen, um Ihren Humor trainieren zu können. Zunächst stellt meine Frau die Humortechniken in der Schule vor. Im sechsten Kapitel gebe ich Ihnen dann ein paar Tipps, wie Sie Ihre Humorfähigkeit trainieren können.

Ich wünsche Ihnen viel Spaß beim Schmökern und Ausprobieren! Ihnen und Ihren Schülerinnen und Schülern wünsche ich Kommunikation mit Herz, Hirn und Humor!

# 1. Mit Humor lernt es sich leichter

## Humor als Lernbeschleuniger

Vor einigen Wochen saß ich mit einer Freundin im Café. Wir unterhielten uns über Felix Humorvortrag. Meine Freundin, eine Gymnasiallehrerin, zeigte sich interessiert an den Themen Humor und Humorgesundheit. Ihr Interesse versiegte jedoch schlagartig, als sie erfuhr, dass Felix solche Vorträge auch für Lehrer hält. »Also ich bitte dich, Marion, Humor ist ja wohl nicht unser Bildungsauftrag«, entgegnete sie mir. »Typisch Lehrer«, dachte ich, unterdrückte aber eine spitze Bemerkung und berichtete ihr stattdessen von folgender Studie:

In einem Experiment an der Universität Paris Descartes konnten Forscher und Wissenschaftler belegen: Babys lernen schneller, wenn sie dabei lachen. In einem Versuch brachten sie 53 Eineinhalbjährigen bei, wie sie mit einer Harke eine kleine Spielzeugente ziehen können. Der einen Hälfte brachten sie es mit Hilfe einer lustigen Showeinlage bei, die die Babys zum Lachen brachte. Die andere Hälfte musste sich eine trockene und sachliche Präsentation ansehen. Anschließend überprüften die Forscher den Lerneffekt bei den Kleinkindern. Das Ergebnis: Die Kinder, die gelacht hatten, griffen nahezu durchgängig (bis auf ein Kind) zur Harke, um die Ente zu erreichen. Sie hatten die Erklärung verstanden. Bei der Gruppe, die nicht gelacht hatte, griff nur ein Viertel nach der Harke. »Das Fazit der Forscher: Humor fördert das Lernen von klein auf« (www.fr.de/wissen/gesundheit/babys-machen-es-vor-lachen-macht-uns-leistungsfaehiger-und-schlauer-a-460716). Die Gymnasialkollegin horchte auf und wurde neugierig auf die wissenschaftlichen Humoraspekte. Um auch Sie neugierig zu machen, folgen nun ein paar wissenschaftliche Erkenntnisse.

In der Vergangenheit haben sich viele Studien mit dem Thema Humor in der Pädagogik beschäftigt. In unterschiedlichen Versuchsanordnungen wurde immer wieder getestet, inwiefern der Einsatz von Humor die Lern- und Gedächtnisleistung der Lernenden beeinflusst. Besonders hervorzuheben ist die Langzeitstudie von Avner Ziv (1988), die Charmaine Liebertz beschreibt und die eindeutig belegt, dass der bewusste Einsatz von Humor mit inhaltlichem Bezug zum Unterricht zu besseren Lernergebnissen verhilft.

Humor hat eine heilsame und befreiende Wirkung auf die Seele. Wen verwundert es da, dass auch unsere Schüler gleichsam befreit aufatmen, wenn in ihrem Unterricht gelacht wird. Humor ist ein sehr verlässlicher Lernpartner (Liebertz 2013, S. 129):

- Er löst eine positive Hormonlage aus, durch die Schülerinnen und Schüler nachhaltige neuronale Verknüpfungen aufbauen können.
- Er hilft den Lernstoff besser zu behalten.
- Er fördert die sprachliche Intelligenz und Kreativität.
- Er weckt das Interesse und damit die Aufmerksamkeit und Konzentrationsbereitschaft.

Auch der Hirnforscher Manfred Spitzer beschreibt, wie sich emotionale Prozesse auf Gedächtnisleistungen auswirken. Er untersuchte, inwiefern das Merken neutraler Wörter von dem emotionalen Kontext abhängt, in dem sie gelernt wurden, und ob unterschiedliche Hirnregionen dafür zuständig sind. Spitzer konnte eindeutig nachweisen, dass je nach emotionalem Kontext unterschiedliche Hirnregionen für das Lernen benutzt werden. Ein positiver emotionaler Kontext beim Lernen aktiviert im Gehirn einen Bereich, der Hippokampus genannt wird und der das Merken von Wörtern erleichtert.

Grundsätzlich gilt für Spitzer: Soll ein neuer Sachverhalt gelernt werden, so muss er erst einmal vom Hippokampus aufgenommen werden. Das Lernen bei negativen Emotionen aktiviere hingegen den Bereich der Amygdala, die unter anderem zuständig ist für Stress, Bluthochdruck und Fluchtgefühle. Erfolgreiches und verknüpfendes Lernen wird dadurch erschwert. Die Ergebnisse zeigen, dass Lernen bei guter Laune am besten funktioniert. »Lernen sollte mit positiven Emotionen arbeiten« (Spitzer 2006, S. 172).

Der neuseeländische Bildungsforscher John Hattie hat in einer Studie mit mehr als 800 Metaanalysen untersucht, was guten Unterricht wirklich ausmacht. An seiner Studie waren indirekt mehr als 250 Millionen Schülerinnen und Schüler beteiligt. »There are no magic bullets«, sagt Hattie. Es gebe keine pädagogischen Patentrezepte. Hatties zentrale Botschaft lautet: Was Schülerinnen und Schüler lernen, liegt am Pädagogen. Auf den Lehrer komme es an. Die emotionale Seite des Lernens hält Hattie für nicht verhandelbar. Ohne Respekt, Wertschätzung, Fürsorge und Vertrauen könne Unterricht nicht gelingen, egal, mit welcher Methode unterrichtet werde. Hattie rückt den Lehrer wieder dorthin, wo sein Platz sein sollte: ins Zentrum allen Lerngeschehens.

Welche Lehrer sind es denn, die ihre Schülerinnen und Schüler erreichen? Was für einen Lehrer wünschen sich Kinder und Jugendliche? Charmaine Liebertz beschreibt eindrücklich, dass der Humor meistens an erster Stelle genannt wird, wenn man Schülerinnen und Schüler nach den wichtigsten Eigenschaften des idealen Lehrers fragt. Der Humor wird sogar noch vor der Gerechtigkeit geführt. Ich selbst erlebe es in der Schule täglich: Selbst der strenge Kollege ist beliebt, wenn er auch humorvoll ist.

Jeder Lehrer hat Sinn für Humor. Aber nicht jeder Lehrer trainiert und nutzt ihn auch. Sie können mit Hilfe unseres Buches herausfinden, welcher Humortyp Sie sind. Im zweiten Kapitel stellen wir Ihnen Humortechniken für den Unterricht vor. Im dritten, fünften, sechsten und siebten Kapitel geben wir Ihnen Tipps, wie Sie Stress in der Schule und im Alltag mit Hilfe von Humor reduzieren können. Denn wenn Sie wissen, was Sie lustig finden, können Sie sich davon täglich eine Portion Humor gönnen! Dadurch wird der Humor automatisch in Ihren Unterricht einfließen. Seine gezielte Anwendung bringt Optimismus ins Klassenzimmer, und Ihre Schülerinnen und Schüler trauen sich mehr zu. Wichtig dabei ist, dass es sich für Sie stimmig und passend anfühlt. Finden Sie Ihren eigenen Stil heraus. Wir möchten Ihnen ein paar Anregungen geben und verschiedene Techniken aufzeigen. Unsere Tipps für den Unterricht sollen ein Ideenpool sein, aus dem Sie Ihren eigenen Humor schöpfen, entwickeln und verfeinern können.

Humor zu haben macht Spaß. Humorvolle Menschen mag man. Eva Ullmann, Leiterin des Deutschen Instituts für Humor in Leipzig, meint, Humor nicht als Instrument im Unterricht einzusetzen, hieße einen Bereich der Kommunikation außer Acht zu lassen. Wenn man ehrlich ist, beeindrucken einen vor allem diejenigen Führungspersönlichkeiten oder Seminarleiter, die eine gesunde Mischung aus Ernsthaftigkeit und Humor verkörpern. Warum soll es unseren Schülerinnen und Schülern anders gehen?

Und bedenken Sie: Unser Verhalten als Lehrer, unsere emotionalen Ansprachen, unser Unterrichten und Führen von Menschen legen den Grundstein für die heitere, zukunftsgewandte Stimmung unserer Umwelt. Zuzusehen, wie Menschen heikle Lebenssituationen mit Heiterkeit meistern, löst Handlungsimpulse und Nachahmung aus (Fuchs/Gratzel 2007, S. 280).

Meine Mutter arbeitete mehr als 40 Jahre mit großer Leidenschaft und viel Erfolg als Grundschullehrerin. Ihr Grundsatz, den sie mir zu Beginn meiner Berufstätigkeit mit auf den Weg gab, lautete: »Marion, das Wichtigste überhaupt ist: Einmal am Tag mit allen Kindern lachen!« Als Berufsanfängerin maß ich damals der Unterrichtsmethodik etwas mehr Bedeutung zu als dem Lachen und schmunzelte über den Ratschlag. Über die Jahre habe ich verstanden, dass meine Mutter recht hatte. »Ein Lachen im

Unterricht ist wie ein kurzes Fensteröffnen samt kräftigem Durchlüften. Danach geht es wieder frischer ans Werk« (Ruch/Auerbach 2011, S. 26).

Um mit den Worten meiner Freundin zu sprechen: Humor ist sehr wohl unser Bildungsauftrag!

**Überblick: Humor als Lernbeschleuniger**

- Studien belegen: Humor fördert das Lernen.
- Humor weckt das Interesse der Schülerinnen und Schüler.
- Lernstoff wird durch positive Emotionen und Humor besser behalten.
- Laut Hattie steht die Lehrerpersönlichkeit für den Lernerfolg.
- Trainieren Sie Ihren eigenen Humor und er wird Einzug ins Klassenzimmer halten.
- Humor ist unser Bildungsauftrag.

*»Lachen und Lächeln sind Tore und Pforten, durch die viel Gutes in den Menschen hineinhuschen kann.«* (Christian Morgenstern)

## Humorvolles Klassenklima

Liebe Leserinnen und Leser, mit dem Kauf dieses Buches haben Sie sich bereit erklärt, den Humor in Ihr Klassenzimmer einziehen zu lassen. Wagen Sie nun auch den zweiten Schritt und nutzen Sie bewusst Humortechniken, um die Klassenatmosphäre und das Lernklima zu stärken. Versuchen Sie, mit Humor ein angstfreies Lernklima zu schaffen, und Sie werden bessere Lernergebnisse erhalten.

Im Orientierungsrahmen zur Schulqualität für allgemein bildende Schulen in Baden-Württemberg heißt es: »Das Schulleben wird *wesentlich* durch die Klassen- und Schulatmosphäre geprägt.« Der hessische Referenzrahmen verweist darauf, den Unterricht als sozialen Prozess zu verstehen, in dem die Beteiligten in einem bestimmten Rahmen (Lernzeit, Unterrichtsklima…) gemeinsam am Wissens- und Kompetenzaufbau arbeiten. Daraus wird deutlich, dass die Atmosphäre in einer Klasse nicht nur ein Nebenschauplatz, sondern grundlegend für alle Lernprozesse ist. Sie bildet das Fundament für erfolgreiches Lernen. Sicherlich ist Ihnen das schon längst bewusst. Sicherlich bemühen sich die meisten Lehrer um ein positives Klima. Doch längst nicht allen gelingt es. Man braucht sich nur an die eigene Schulzeit zu erinnern.

Die Atmosphäre in Ihrer Klasse wird von Ihrem Sinn für Humor geprägt. Sie sind der »Humorologe«, von dem die humorvolle Grundhaltung der Klasse und jedes einzelnen Schülers abhängt. Sie senden die Humorsignale aus, die entsprechend beantwortet werden. Lehrer, die Humor und Gelassenheit, Zuversicht und Vertrauen ausstrahlen, stärken die Hoffnung und das Selbstvertrauen der Kinder.

Folgende Effekte schreibt Charmaine Liebertz dem Humor für die Klassenatmosphäre zu:

- Er hilft Lern- und Schulängste abzubauen.
- Er erhöht die Freude am Lernen.
- Die Schülerinnen und Schüler identifizieren sich stärker mit der Schule.
- Er schafft eine Klassenatmosphäre ohne Angst, in der Fragen und Fehler erwünscht sind.
- Er steigert die Kontaktbereitschaft der Kinder untereinander.
- Er fördert das Selbstwertgefühl und die Sozialkompetenz.
- Der Gruppenzusammenhalt und das positive Verhältnis zwischen Lehrer und Schülern werden gestärkt.

Im vorherigen Abschnitt habe ich gezeigt, dass Humor die Lerneffektivität nachweislich steigert. Und Humor kann noch mehr. Er fördert das soziale Miteinander, denn wer lacht, ist gefragt. Humorvolle Schüler sind beliebt. Je humorvoller Ihre Schülerinnen und Schüler miteinander umgehen, desto besser ist das Klassenklima. Es lohnt sich, den Humor der Kinder untereinander spielerisch oder durch Rituale zu fördern. In der 16. Shell-Jugendstudie von 2010 wird klar herausgestellt, dass Jugendliche, die Probleme und Schwierigkeiten nicht zu ernst und mit einem gewissen Humor nehmen, eine größere Lebenszufriedenheit haben. Humorvolle Jugendliche sind durchsetzungsfähiger, mitreißender, überzeugender und begeisternder als humorlose Schülerinnen und Schüler.

In meinen Klassen übernehmen die Kinder eine Führungsrolle, die humorvoll und intelligent sind. Diese Kombination ist naheliegend, da das Verständnis von Humor gewisse geistige Fähigkeiten voraussetzt. Ich erinnere mich aber auch an Schüler, die weder durch sehr gute schulische Leistungen noch durch eine besondere Sportlichkeit, sondern durch große Beliebtheit auffielen. Unvergessen ist mir Theo. Theo hatte große sprachliche Probleme. Er hatte erst mit zwei Jahren angefangen zu sprechen, und es fiel ihm auch im Grundschulalter noch schwer, Sätze korrekt zu formulieren. Dementsprechend waren seine Leistungen im Fach Deutsch sehr schwach, und darüber hinaus hätte Theo allen Grund gehabt, von den anderen Schülern aufgrund seiner Sprachfehler gehänselt zu werden. Das Gegenteil war der Fall. Theo war beliebt, niemand lachte über seine Fehler und er brachte sich in den Erzählkreis äußerst aktiv ein. Woran lag es? Theo lachte für sein Leben gern. Über jeden kleinen Witz, jeden komischen Kommentar und jedes niedlich gemalte Bild musste Theo kichern. Theo war sogar in der Lage, über seine eigenen Sprachfehler zu lachen. Damit entwaffnete er alle Mitschülerinnen und Mitschüler. Denn wie später im Humortipp für Lehrer »Über sich selbst lachen« beschrieben, kann man nicht mehr ausgelacht werden, wenn man über seine eigene Schwäche lacht.

Es gibt viele Möglichkeiten, Humor aktiv zur Stärkung der Klassenatmosphäre einzusetzen. Reagieren Sie auf den Humor Ihrer Schülerinnen und Schüler. Achten Sie bewusst auf deren Humorgeschmack. Es gibt immer wieder Kinder und Jugendliche, deren Humor zu Ihrem Sinn für Humor passt. Nutzen Sie diese Symbiose und bestärken Sie die Schüler offen. Vielleicht ergeben sich sogar Situationen, in denen witzige Kommentare wie Bälle von Ihnen zurückgeworfen werden können. Üben Sie im Eins-zu-eins-Gespräch Ihren Humor mit den Schülerinnen und Schülern. Konkrete Tipps und Techniken finden Sie im Kapitel »Humorvoll unterrichten«. Denn wie im Referenzrahmen steht, prägt das Klassenklima wesentlich das Schulleben. Stärken Sie es durch Ihren Humor! Und wenn alle Schüler Ihrer Klasse lachen, dann sorgen Sie sich nicht davor, wie Sie wieder Ruhe in den Unterricht bringen können. Darum geht es im folgenden Abschnitt.

**Überblick: Humorvolles Klassenklima**

- Das Klassenklima gehört zum Bildungsauftrag.
- Humor stärkt die Klassenatmosphäre.
- Humor baut Lern- und Schulängste ab.
- Ihr Sinn für Humor prägt die Atmosphäre in Ihrer Klasse.
- Humorvolle Schüler sind erfolgreicher.
- Genießen Sie den Humor und das Lachen Ihrer Schüler.

*»Wenn du bei Nacht den Himmel anschaust, wird es dir sein als lachten alle Sterne, weil ich auf einem von ihnen wohne, weil ich auf einem von ihnen lache.«* (Antoine de Saint-Exupéry)

## Keine Angst vor Kontrollverlust

Freitagmorgen, 3. Stunde, wir führen ein Unterrichtsgespräch. Nina verwechselt das Wort »Lieblingsspruch« mit »Lieblingsbuch« und liest unter der entsprechenden Kategorie vor: »Lieblingsspruch: Rostiger Robert«. Daraufhin fange ich an zu lachen und antworte: »Na, das ist doch mal ein cooler Spruch: Rostiger Robert! He Leute, wie geht's, rostiger Robert, alles klar?« Die ganze Klasse lacht schallend. Nina ruft: »Neeeeiiiin, ich hab das verwechselt, ich dachte Lieblingsbuch!« Es wird immer lauter. Ich ertappe mich bei dem Gedanken: »Oh Mann, das wird anstrengend, die jetzt wieder einzufangen…«

Die Angst vor Kontrollverlust ist die häufigste Sorge, die ich immer wieder höre. Während unsere Gesellschaft das Klagelied über den Ernst des Lebens in der Schule singt und die Humorlosigkeit der Lehrerschaft bemängelt wird, empfinden die Lehrer selbst das Fehlen von Humor nicht als Mangel. Charmaine Liebertz fragt sich, ob die Lehrer sich stillschweigend damit abgefunden haben oder ob sie einen Autoritätsverlust befürchten. Schon der Pädagoge Hartmut von Hentig habe dafür plädiert, die klare Trennung zwischen professioneller Erziehung und persönlichem Umgang aufzuheben.

Es stimmt: Durch den Einsatz von Humor verzichtet der Lehrer auf ein Stück Dominanz, was ihm aber in der Beziehung zu den Kindern und Jugendlichen guttut. Der Humor baut die Barriere zwischen Lernenden und Lehrenden ab. Die Sorge, dass man die Kontrolle über die Klasse verliert, dass der Unterricht albern wird, dass man Zeit verliert und es Kraft kostet, die Schülerinnen und Schüler wieder zu beruhigen, muss nicht sein. Das zeigt das folgende Erlebnis.

Es war im Dezember während einer Projektwoche. Wie wir alle wissen, ist die Vorweihnachtszeit nicht gerade die einfachste Zeit, um zu unterrichten. Die Schülerinnen und Schüler sind mit Süßigkeiten permanent überzuckert, kommen aufgrund der dunklen Jahreszeit kaum nach draußen und sind emotional leicht überlastet. Insofern sahen wir der Projektwoche mit Sorge entgegen. Dank der großzügigen Spende einer Firma hatten wir die Möglichkeit, Zirkuspädagogen zu engagieren, die eine Woche lang mit allen Kindern trainierten. Vorgabe an uns Lehrerinnen war: Mischen Sie sich nicht in unsere Arbeit ein, auch nicht erzieherisch. Machen Sie einfach mit! Große Skepsis meinerseits: Wie wollen die denn alle Kinder unter Kontrolle behalten, ohne ihre Namen zu kennen? Die lustigen Jongleur-Pädagogen können vielleicht Bälle fangen, aber nicht unsere gesamte Schülerschaft kontrollieren. Die werden sich noch freuen, wenn ich mich einmische und für Ruhe sorge!

Die Projektwoche kam, wir gingen mit allen Kindern zur Turnhalle. Wie besprochen setzte sich die Lehrerschaft an die Seite und sah zu. Schon nach wenigen Minuten war uns und den Kindern klar: Vor uns stehen Profis. Das Erstaunlichste aber war, dass sie die Schülerinnen und Schüler durch alberne Scherze ständig zum Lachen brachten, ohne auch nur eine Sekunde die Kontrolle zu verlieren. Wie machten sie das? Die Technik war sehr einfach. Sie brachten der Gruppe am Anfang ein Zeichen bei, auf das hin alle mucksmäuschenstill sein mussten. Nach kurzem Training saß es. Wenn dann alle laut und von Herzen lachten, brachen sie das Lachen abrupt mit Hilfe des Zeichens ab. Stille. Und zwar sofortige Stille.

Sehr aufmerksam betrachtete ich die Gesichter unserer Kinder. Lagen darin nicht Enttäuschung und Frustration? War es nicht unfair, alle zum Lachen zu bringen und dann so radikal abzuwürgen? Nichts. Kein Fünkchen Enttäuschung war zu sehen. Stattdessen ein breites Grinsen, ab und zu ein unterdrücktes Kichern und Schulterzucken, überall zufriedene Gesichter.

Diese Projektwoche wurde für mich zum Schlüsselerlebnis. Von da an hatte ich den Mut, ein von mir provoziertes Lachen der Kinder nach kurzer Zeit abzuwürgen. Und es bestätigte sich in der unterrichtlichen Praxis, dass ich durch den Einsatz von Humor nicht an Autorität und Kontrolle verlor und die Schüler das schnelle Einfordern von Disziplin und Ruhe akzeptierten.

Die Humorforscherin Eva Ullmann beschreibt die Angst vor Kontrollverlust als größtes Hemmnis, um auf ein Humorangebot von Jugendlichen einzugehen. Auch haben viele Lehrer Angst davor, Humor gezielt einzusetzen, weil sie befürchten, auf die Schippe genommen oder im schlimmsten Fall bloßgestellt zu werden. Denken Sie an die Zirkuspädagogen. Sie erwarben sich Respekt durch ihr Fachwissen und ihre Souveränität. Nur auf dieser Grundlage konnten sie erfolgreich mit den Schülerinnen und Schülern arbeiten. Der Humor aber kam als Salz in der Suppe dazu. Wenn Sie als Lehrkraft eine Klasse durch Ihr Fachwissen und Ihre souveräne Art im Griff haben, werden Sie die Kontrolle durch den Einsatz von Humor nicht verlieren. Indem Sie sich trauen, auf ein Humorangebot von Schülern einzugehen, gewinnen sie an Nähe und Akzeptanz. Das stärkt das Lehrer-Schüler-Verhältnis. Bestimmt machen Sie das bereits unbewusst in vielen Unterrichtssituationen. Achten Sie einfach mal darauf. Beobachten Sie humorvolle Jugendliche und gehen Sie auf Angebote ein. Der rostige Robert brachte alle Schüler zum Lachen. Und niemand wäre beleidigt gewesen, wenn ich ihn abgewürgt hätte. Hauptsache gelacht!

**Überblick: Keine Angst vor Kontrollverlust**

- Autorität und Respekt entstehen durch Fachwissen und Souveränität.
- Humor baut die Barriere zwischen Lehrern und Schülern ab.
- Lachen darf abgebrochen werden.
- Humor bedeutet, Gesprächsangebote anzunehmen.

*»Leute, die nicht lachen, sind keine ernsthaften Leute.«* (Frédéric Chopin)

## Auf die Dosis kommt es an

Eine beruhigende Botschaft an alle schüchternen »Humorologen« unter den Lehrern: Auf die Dosis kommt es an! Ein Lehrer, der zu viele Witze reißt (im schlimmsten Fall immer die gleichen Witze), der sich selbst zum Clown macht, wird von seinen Schülerinnen und Schülern nicht mehr ernst genommen. Er verliert an Autorität und Respekt, wenn er bei jeder Gelegenheit versucht, einen Spaß oder Gag zu landen.

Die Psychologin Tabea Scheel, Leiterin einer Humorstudie in Sachsen, beschreibt in einem Artikel der Frankfurter Rundschau, dass Lehrer sich grundsätzlich vor selbstabwertendem Humor hüten sollten. Anders als bei gesunder Selbstironie geht es hier um ein systematisches Sich-über-sich-selbst-Lustigmachen, um bei Jugendlichen Lacher zu ernten. Die Gefahr besteht in der Opferhaltung, die der Lehrer dadurch einnimmt. Tabea Scheel nennt aus ihrer Studie folgendes Beispiel: Den Schülerinnen und Schülern wurde ein Video gezeigt, in dem eine Lehrerin einen Fehler an der Tafel macht. Die Schülerschaft entdeckt ihn, und daraufhin sagt die Kollegin: »Selbst wenn man nicht schreiben kann, kann man immer noch Lehrer werden« (Harmsen 2012). Nachdem der Film angeschaut wurde, schrieben die Schülerinnen und Schüler Tests. Der selbstabwertende Humor im Video wirkte sich so negativ auf das Klima aus, dass auch die Testleistungen schlechter wurden.

Dieses Beispiel macht deutlich, welche Macht dem Humor für das Klima in einer Lerngruppe innewohnt. Obwohl das Video eine fremde Lehrerin zeigt, sorgt ihre Opferhaltung für negative Stimmung und eine schlechtere Konzentrationsfähigkeit der Gruppe. Einer unserer Humortipps im sechsten Kapitel lautet: über sich selbst lachen können, seine eigenen Schwächen nicht so ernst nehmen. Die Botschaft endet in dem Tipp: Üben Sie sich in wohlwollendem Selbsthumor. Wie man an dem Rechtschreibbeispiel sieht, wertete sich die Kollegin ab und förderte damit ein schlechtes Lernklima. Insofern ist Humor immer eine Gratwanderung. Auch kann man nicht davon ausgehen, dass es jedem Lehrer zu Gesicht steht, plötzlich Grimassen zu schneiden oder einen Witz vorzulesen. Diese Gefahr droht Ihnen jedoch nicht, da Sie sich im sechsten Kapitel mit Ihrem persönlichen Humorgeschmack beschäftigen können. Sie werden herausfinden, welcher Humortyp Sie sind und welcher Stil Ihnen liegt. Hinzu kommt die Frage: Passt mein Humorstil zum Thema? Wie sind meine Schülerinnen und Schüler drauf?

Grundsätzlich gilt: Drei bis vier Humordosen pro Unterrichtsstunde sind optimal. Mehr Humor lässt den Lehrer als Clown dastehen. Dies belegt eine Studie des Psychologen Avner Ziv aus Tel Aviv. Ich bin mir jedoch sicher, dass diese Dosis hierzulande selten überschritten wird. Weitere Schlussfolgerungen aus Zivs Studien:

*Humor sollte einen Bezug zum Lernmaterial haben, dadurch erzeugt er Assoziationen, die das Erinnern erleichtern.*
In einer Musikstunde konnten sich die Jugendlichen den Begriff Bariton nicht merken. Ich überlegte zu Hause und sagte in der nächsten Stunde: »Stellt euch einen **Ba**ll vor, auf dem sitzt ein **Ri**ese und der singt einen **Ton**.« Alle grinsten und konnten es sich merken.

*Humor, der keinen Bezug zum Lerninhalt hat, lenkt ab, da sich die Lernenden zwar an den Humor, aber nicht an den Inhalt erinnern.*
Dennoch stärkt das Lachen das Lernklima in der Klasse. Deshalb spiele ich mit den Kindern zwischendurch ein Humorspiel, auch wenn das Unterrichtsthema keinen Bezug dazu hat. Lieber einmal ohne Themenbezug gelacht als eine humorlose Stunde gehalten.

*Der Humor erhöht die Aufmerksamkeit und sollte deshalb durch ein oder zwei nachfolgende Sätze einen Bezug zum Thema haben.*
Religion, 2. Klasse: Die Kinder erhalten den Auftrag, etwas aus der Natur mit in die Schule zu bringen, das sie über Gottes Schöpfung staunen lässt. Vorfreude auf den Gesichtern. Humoreinschub: » Aber ich möchte nicht, dass ihr einen ganzen Baum mit ins Klassenzimmer bringt!« Lautes Lachen. Ich unterbreche das Lachen und sage im Flüsterton: »Schaut euch aufmerksam um. Betrachtet die kleinsten Dinge mit anderen Augen. Staunt über die Wunder in der Natur.« Alle sind auffallend aufmerksam und hoch konzentriert, obwohl bzw. gerade weil sie vorher gelacht haben.

*Der Humorlevel muss auf die Schülerinnen und Schüler abgestimmt sein.*
Der Klassiker: Ich stehe vor Erstklässlern und kündige die Hausaufgaben an. Zum Spaß sage ich: »Ihr müsst heute das gesamte Mathebuch machen.« Geschockte Stille. Erleichtertes Aufatmen und Lachen, nachdem ich breit grinsend und beschwichtigend hinzugefügt habe: »Nein, das war ein Witz«. Das Lachen verdankt sich jedoch nicht der intellektuellen Befriedigung, eine Inkongruenz (Nichtübereinstimmung) aufgelöst zu

haben, da sich das Verständnis für Ironie erst später entwickelt. Hier habe ich den Humorlevel zu hoch angesetzt.

*Humor sollte in homöopathischen Dosen eingesetzt werden, da er sonst ablenkt oder den Lehrer als Clown dastehen lässt.*
Spätestens nach drei bis vier Lachern leidet die allgemeine Aufmerksamkeit. Dies spürt man als Lehrer sehr schnell. In diesem Fall sollte man erst in der nächsten Stunde wieder auf Humorsuche gehen.

Humor funktioniert nicht auf Knopfdruck. Er bedarf der Übung. Doch schon mit wenigen gezielten Einsätzen erreicht man eine hohe Wirkung. Dabei müssen nur ein paar Spielregeln beachtet werden. Es gilt, angesichts Ihrer Schülerinnen und Schüler einen Humor auf Augenhöhe zu entwickeln. Im folgenden Abschnitt finden Sie einen kurzen Überblick zu den Entwicklungsstufen von Humor bei Kindern und Jugendlichen. Dadurch fällt es Ihnen leichter, Ihren Schützlingen humorvoll und dem Alter angepasst zu begegnen. Wenn Sie dann noch darauf achten, sich nicht selbst abzuwerten, kann auch bei einem Rechtschreibfehler an der Tafel nichts mehr schiefgehen.

**Überblick: Humor in homöopathischen Dosen**

- Verwenden sie aufwertenden Selbsthumor.
- Optimal sind drei bis vier Humordosen pro Unterrichtsstunde.
- Humor erhöht die Aufmerksamkeit und sollte einen Bezug zum Thema haben.
- Setzen Sie Humor auf Augenhöhe und dem Alter angepasst ein.

*»Herr, schenke mir Sinn für Humor, gib mir die Gnade, ihn zu verstehen, damit ich ein wenig Glück kenne im Leben und anderen davon mitteile.«* (Thomas Morus)

## Entwicklungsstufen von Humor bei Kindern und Jugendlichen

Viele von uns kennen folgendes Video: Ein Baby sitzt in seiner Wippe, der Vater nimmt ein Blatt Papier und zerreißt es vor den Augen des Babys in zwei Stücke. Das Baby beginnt herrlich zu glucksen. Der Vater zerreißt das Papier ein weiteres Mal, das Baby lacht aus vollem Hals. Der Vater lacht ebenfalls. Er wiederholt es immer und immer wieder, jedes Mal mit dem gleichen Erfolg. Millionenmal wurde das Video geklickt. Es gab zahlreiche Nachahmer, die ebenfalls ihr Kleinkind nur durch Zerreißen eines Papiers zum Lachen bringen konnten.

Offensichtlich hat das Zerreißen von Papier bei Babys in dieser Altersstufe einen Schlüsselreiz, der sie zum Lachen bringt. Da dieser Effekt nachgeahmt werden konnte, liegt der Schluss nahe, dass bestimmte Schlüsselreize bei Kindern einer Altersstufe zum Lacherfolg führen. Tatsächlich hat der Humorforscher McGhee (1979) Entwicklungsstufen des Humors feststellen können. Die nun folgende Übersicht beruht auf seinen Erkenntnissen. Sie kann zur Orientierung dienen und so manches Scheitern vor der Klasse verhindern.

| Alter | Humorschlüsselreize |
|---|---|
| ab 1 1/2 Jahre | Eine absichtsvoll witzige Handlung von einem Fehler unterscheiden:<br>- Socke als Handschuh benutzen<br>- mit einer Banane telefonieren<br>- so tun, als sei der Ball ein Apfel... |
| 2-5 Jahre | Slapstick und Sprachwitz:<br>- Schuh in Kartonschachtel stecken, laufen, ausrutschen, hinfallen<br>- Dinge umbenennen: Die Mama ist der Opa, der Fisch ist ein Vogel, Nonsens-Wörter<br>- Gespür für Tabus: Pipi- und Kaka-Witze<br>- wiederholen von Reimen |
| 5-7 Jahre | Mehrdeutigkeiten erkennen und verstehen:<br>- Scherzfragen, Rätselwitze, Reimwitze (»Alle Kinder stehen bis zum Hals im Wasser, nur nicht Rainer, der ist kleiner«)<br>- Witze (besonders beliebt sind Witze über Dummheit, da Schüler schnell lernen, wie wichtig die richtige Antwort ist) |
| 7-11 Jahre | Humor wird bewusst eingesetzt, Humortutoren (Klassenclowns) entstehen:<br>- bewusster Einsatz von Humor durch Auswendiglernen von Witzen<br>- andere pantomimisch nachahmen |
| ab 11 Jahre | Zunehmendes Verständnis für Ironie und Satire:<br>- Selbstironie wird immer beliebter<br>- Fehler und Schwächen durch Humor kaschieren<br>- zunehmend geistvoller statt »kindischer« Humor |
| Jugendliche | Humor dient zur Abgrenzung von den Eltern:<br>- spontaner Wortwitz<br>- erzählen von Anekdoten<br>- metaphorische Vergleiche (»Ich bin der Einstein des Gymnasiums«)<br>- Zynismus und Sarkasmus kommen nicht an |

Diese Tabelle dient der Orientierung, aber ich sage Ihnen bestimmt nichts Neues, wenn ich daran erinnere, dass jedes Kind einzigartig ist und nicht immer den Normvorstellungen entspricht.

Bereits der Philosoph Montaigne (1533-1592) hat diesen Sachverhalt prägnant in seinen Essais festgehalten: »Ein Missstand besteht darin, dass die Schulmeister mit ein und demselben Unterrichtsstoff und nach ein und demselben Maß eine Vielzahl junger Geister von unterschiedlichen Maßen und Begabungen unter ihre Fuchtel nehmen (…). Daher kommt es, dass man, wenn man den Weg für die Kinder nicht richtig gewählt hat, häufig Jahre darauf verwendet und sich dennoch vergeblich abmüht, sie zu Dingen zu erziehen, in denen sie nicht Fuß fassen können (…). Empfindungsweise und Seelenstärke der Menschen sind verschieden. Man muss sie daher ihrer Wesensart gemäß auch auf verschiedenen Wegen zum Besten führen« (Montaigne, zitiert nach Largo 2016, S. 83).

Auch in Sachen Humor lohnt es sich, individuell auf die Kinder einzugehen. Denn der persönliche Humor ist so einzigartig wie ein Fingerabdruck. Ihn in einem Kind zu entdecken und zu fördern ist gewinnbringend für alle Beteiligten. Dies kann auch mal bedeuten, dass der Rest der Klasse einen humorvollen Dialog nicht versteht. Marcel, ein autistisches Kind, brachte eines Tages für ein Projekt zum Thema Hilfsorganisationen eine Auflistung verschiedener Organisationen in den Religionsunterricht mit. Während er vorlas, geriet er ins Stocken, verstummte und sagte dann grinsend: »Also, ich dachte es sei ein Ranking nach Wichtigkeit, tatsächlich aber ist es nur nach der Menge der Klicks geordnet. Das ist ja lustig! Wer die meisten Klicks hat, gewinnt!« Er grinste über beide Backen, die anderen Viertklässler verstanden nur Bahnhof. Marcel aber lachte und lachte, für ihn war es unglaublich lustig und absurd. Ich entschied mich, auf seinen Humor einzugehen, grinste und sagte: »Das ist also nichts anderes als ein Klickliste!« Daraufhin lachte er noch mehr und fühlte sich von mir in seinem Humor verstanden, der für sein Alter deutlich weiter entwickelt war als typisch. Sein fröhliches Lachen steckte alle an. Kein anderer Schüler verstand, was daran witzig war, aber es entstand eine heitere Stimmung.

Eine heitere Grundstimmung in der Klasse zu schaffen wünschen sich viele Pädagogen. Es gibt Schlüsselreize, die uns helfen, Schülerinnen und Schüler der entsprechenden Altersstufe zum Lachen zu bringen. Im Abschnitt »Keine Angst vorm Scheitern« gehe ich noch einmal auf die Bedeutung dieser Entwicklungsstufen ein. Tatsächlich sinkt die Wahrscheinlichkeit, dass man mit seinem Humor als Lehrer danebengreift, wenn man um solche Stufen weiß. Bei den Babys ist es das Zerreißen von Papier. Vielleicht entdecken Sie auf Ihrer Humorreise mit Ihren Klassen noch mehr Reize, die zum Erfolg führen.

**Überblick: Entwicklungsstufen von Humor bei Kindern und Jugendlichen**

- Humor zu entwickeln dient der kognitiven und sozialen Entwicklung eines Kindes.
- Für jede Altersstufe gibt es Humorschlüsselreize.
- Das Beachten der Entwicklungsstufen erhöht die Chance für den erfolgreichen Einsatz von Humor.
- Humor ist dennoch immer individuell und einzigartig.

*»Das Wertvollste im Leben ist die Entfaltung der Persönlichkeit und ihrer schöpferischen Kräfte.«* (Albert Einstein)

## Welcher Humor ist der richtige?

»Wischst du mal die Tafel, oder kannst du das auch nicht?«
»Na Chantal, Nägel lackieren war wieder wichtiger als Hausaufgaben?«

Wir kennen sie alle, diese ironischen Sprüche, die nur dazu dienen, den Schüler oder die Schülerin schlecht dastehen zu lassen. Sei es, dass wir sie selbst in unserer Schulzeit erlebt haben, sei es, dass sie uns bei Kollegen aufgefallen sind, die uns dabei noch überlegen süffisant anlächeln.

Die Humorexpertin Eva Ullmann vergleicht den Einsatz von Humor im Unterricht mit dem eines Küchenmessers. Ein Messer ist ein sinnvolles Werkzeug, aber es kann auch verletzen. Die obigen Beispiele sind typische Situationen für unsozialen und verletzenden Humor. Leider sind es Beispiele, die uns als Lehrer viel schneller und leichter einfallen als der wohlwollende und empathische Humor. Beim wohlwollenden Humor konzentriere ich mich auf die Stärken der Schülerinnen und Schüler. Diese Stärke picke ich heraus, verwende zum Beispiel die Technik des Übertreibens und bringe sowohl das Kind selbst als auch die Mitschülerinnen und Mitschüler zum Schmunzeln.

Zwei Beispiele: Johanna versucht sich in ausschweifenden Erklärungen. Der Lehrer unterbricht: »Johanna, du bist so wortgewaltig, da muss ich ja aufpassen, dass ich dir noch folgen kann!«

Theo hat in einem Aufsatz nur eine halbe Seite geschrieben. Der Lehrer merkt an: »Theo, du bist ja berühmt für deine knappen Worte und bringst die Dinge sehr klar und kurz und knapp auf den Punkt. Aber vielleicht machst du das nächste Mal vor dem Punkt noch ein paar Kommas.«

Im zweiten Beispiel sucht der wohlwollende Humor, mit dem der Lehrer kritisieren möchte, dass die Geschichte zu kurz ist, noch eine Stärke und übertreibt die Stärke humorvoll. Durch das Wohlwollen wirkt die Übertreibung nicht zynisch oder verletzend. Lehrer neigen leicht dazu, die Schülerinnen und Schüler durch die Verwendung von Ironie zu verunsichern. Der vorherige Abschnitt hat jedoch gezeigt, dass Kinder erst eine gewisse Entwicklungsstufe erreicht haben müssen, bevor sie überhaupt in der Lage sind, ironischen Humor zu verstehen. Ironie ist für Grundschullehrerinnen und -lehrer mit Vorsicht zu genießen. Oft verstehen nur wenige Kinder den Witz, während die anderen zwar verunsichert mitlachen, aber nahe dran sind, sich ausgelacht zu fühlen. Im persönlichen Gespräch kann ironischer Humor manchmal angebracht sein, in der Klasse ist er mit Bedacht zu verwenden. Nach Charmaine Liebertz gibt es sogar eine Studie von Zillmann (1984), die belegt, dass Ironie für Kinder bis zur achten (!) Klasse kontraproduktiv wirkt. Ironischer Humor ist offensichtlich erst bei Erwachsenen angebracht und trifft da (meistens) auf humorvolles Verständnis. Aber auch hier kann er schnell verletzend wirken.

Grundsätzlich gilt: Humor im Unterricht wird dann zum Lernförderer, wenn er auf einer wertschätzenden Grundhaltung gegenüber den Schülerinnen und Schülern beruht. Fehlt diese Haltung, kann jeder lustige Kommentar verletzen. Ob eine Übertreibung positiv ankommt, hängt maßgeblich davon ab, *wie* ich es sage. Nur wenn ich meine Schülerinnen und Schüler mag und ihnen Wertschätzung entgegenbringe, wird mein Humor sie erreichen und die Lernatmosphäre verbessern. Bin ich jedoch angestrengt und genervt, wird der Humor schnell aggressiv und behindert den Lernfluss mehr, als dass er ihn stützt. Wenn ich mich selbst ausgebrannt und erschöpft fühle, kann ich meinen Schülerinnen und Schülern nur schwer Wertschätzung und Wohlwollen entgegenbringen. Dann bin ich froh, wenn die Stunde vorbei ist und der Schulvormittag ohne negative Vorkommnisse hinter mir liegt. Für diesen Fall lohnt es sich, zuerst einmal seine eigene Kraft und Stärke zu pflegen, sich um seine Bedürfnisse zu kümmern und nach dem Grund zu suchen, weshalb die Kraft und die Freude an den Kindern verloren gegangen sind.

Aus eigener Erfahrung weiß ich, dass der Humor gerade in solchen Zeiten eine Kraftquelle sein kann, die hilft, zu seinen Problemen einen inneren Abstand zu gewinnen und sie neutraler zu betrachten. Im sechsten Kapitel zeigen wir Möglichkeiten und Tipps, wie man sich und seine Seele durch Humor gesund halten kann.

Sozialer und wohlwollender Humor belustigt sich nicht auf Kosten anderer, schon gar nicht auf Kosten der Schülerinnen und Schüler. Sozialer Humor ist frei von Arroganz und Überheblichkeit. Der erfolgreiche Buchautor und Professor für Kinderheilkunde Remo Largo schreibt in seinem Buch »Lernen geht anders«, dass Schule ein Beziehungsnetz ist, dessen Qualität den Schulerfolg der Schüler entscheidend prägt. Das Beziehungsnetz führt zum Schulerfolg, nicht die Methode. Kinder, die sich ignoriert oder ausgelacht fühlen, werden in ihrem Wohlbefinden und in ihrer Lernbereitschaft entscheidend beeinträchtigt. Je besser die Beziehung zwischen Lehrern und Schülern, desto größer der Schulerfolg.

Begegne ich den Kindern also mit respektvollem Humor, fördere ich ihren Lernerfolg. Verwende ich aggressiven und zynischen Humor und lasse ich zu, dass die Schüler sich auch untereinander hemmungslos über Schwächen anderer lustig machen, so verfehle ich unseren Bildungsauftrag, der ja heißt: Lernfreude zu wecken und zu fördern. Im Humor liegt viel Kraft, und es ist an uns, diese Kraft wohlwollend und positiv zu verwenden. Statt dem zynischen Tafelputzspruch wäre eine liebevolle Übertreibung mit Augenzwinkern wesentlich effektiver: »Ach, schade, dass du Chemie nicht gelernt hast, hätte mich echt gefreut, wenn du es gekonnt hättest. Aber ich freu mich zumindest auch ein klitzekleines megabisschen, wenn du die Tafel wischen könntest!«

**Überblick: Welcher Humor ist der richtige?**

- Aggressiver Humor kann verletzen.
- Wohlwollender Humor konzentriert sich auf die Stärken der Schüler.
- Sozialer Humor beruht auf Empathie und Respekt.
- Basis des wohlwollenden Humors ist die wertschätzende Grundhaltung gegenüber den Schülern.

»*Zynismus: Humor in schlechtem Gesundheitszustand.*« (Herbert George Wells)

# 2. Humorvoll unterrichten

## Humorrituale

»Herrn Rieks habe ich nie vergessen. Mein erster Mathelehrer, das ist 40 Jahre her. Aber warum erinnere ich mich an ihn? Er war witzig, hat kleine Cartoons an die Tafel gemalt, und die ganze Stunde habe ich aufgepasst, weil ich diesen Moment nicht verpassen wollte, in dem es wieder etwas zum Lachen gab. Stimmungen bleiben haften, und noch heute schmunzle ich, wenn ich an Herrn Rieks denke. Er kannte das Einmaleins der Vortragskunst: ›Du darfst alles, nur nicht langweilen!‹«

So schreibt der Kollege und Freund meines Mannes, Eckart von Hirschhausen, in seinem Vorwort zu unserem Buch. Was für eine Gabe, so gut zeichnen zu können! Wie genial die Wirkung: Ich diszipliniere die Schüler und bringe sie gleichzeitig zum Schmunzeln, vielleicht sogar zum Lachen. Im gleichen Zug entsteht ein Ritual, auf das sich die Jugendlichen freuen können.

Grundsätzlich geben Rituale den Schülerinnen und Schülern Sicherheit, sie strukturieren den Ablauf einer Stunde oder eines Vormittages. Rituale bieten sich an zum Anfang oder Ende der Schulstunde, markieren Beginn und Ende der Woche, schaffen besondere Momente in der letzten Stunde vor oder in der ersten Stunde nach den Ferien. Für all diese Phasen eignen sich auch Humorrituale. Sie haben den Vorteil, dass ich nicht spontan humorvoll sein muss, um die Kinder zum Lachen zu bringen. Ich kann den Humor gezielt planen und der Lacherfolg ist relativ sicher. Aber wer kann schon so zeichnen und ist so kreativ wie der Kollege mit dem Cartoon an der Tafel?

Erinnern Sie sich an den Vorlesekoffer, der ein Witzebuch enthielt? Warum eigentlich nicht ein Witzebuch? Warum nicht auch mal einen Witz vorlesen? Warum nicht den Wortwitz entdecken und gemeinsam darüber lachen? Und so hielt der Witz Einzug in das tägliche Morgenkreisritual meiner Klasse. Den Morgenkreis leiten die Schüler selbstständig. Er ist ein tägliches Instrument für die Erziehung zu Selbstständigkeit und Demokratie, das ich bei einer Hospitation in der Bildungsschule Harzberg von Falko Peschel kennenlernte. Bei mir besteht der Morgenkreis aus einem Begrüßungsrap, der Anwesenheitskontrolle, dem Tagesplan und der individuellen Besprechung der Arbeitsvorhaben des Tages.

In Absprache mit den Kindern wurde dieser Ablauf um den Witz des Tages bereichert. Bei den Schülern stieß der Vorschlag auf große Zustimmung. Schon am nächsten Tag sollte es losgehen. Da sich nicht alle Witze für jede Altersstufe eignen, traf ich eine Vorauswahl, indem ich gute und altersentsprechende Witze ankreuzte. Das Kreisleiterkind nahm sich am nächsten Morgen das Buch, las vor: »Zwei Zahnstocher laufen einen Berg hoch. Plötzlich überholt sie ein Igel. Sagt der eine Zahnstocher zum anderen Zahnstocher: ›Ach, hätte ich gewusst, dass ein Bus fährt, wäre ich mit dem gefahren!‹« – Alle Kinder lachten. Selbst die, die den Witz nicht verstanden hatten. Auch das war eine neue Erfahrung: Lachen um des Lachens willen. Seitdem ist der Witz des Tages fester und beliebter Bestandteil des Morgenrituals. Ohne dass ich selber lustig werden musste, ohne dass es einen Humorprofi gebraucht hätte, wurde die Klasse zum Lachen gebracht. Ohne die ohnehin hohe Arbeits- und Vorbereitungsbelastung zu erhöhen, zog der Humor gezielt ins Klassenzimmer ein und etablierte sich. Ein Anfang war gemacht, ein erstes Humorritual geschaffen.

In meiner Klasse hatte das »Witz-des-Tages-Ritual« mehrere Effekte: Die Kinder freuten sich jeden Morgen auf den Witz. Sie erzählten ihn zu Hause ihren Eltern. Der Witz wurde zum Vorleseanreiz. Und auch Kinder, die sich selbst nicht ans Vorlesen trauten, wählten einen Witz aus und ließen ihn durch geübte Leser vorlesen. Mit etwas Ermutigung trauten sich manche sogar, eigene Witze vorzubereiten.

So kam es zu folgender Geschichte: Carla, das jüngste Kind der Klasse (5 Jahre), wurde in der neuen Woche Kreisleiterin. Bisher war sie eher durch ihre Verträumtheit und Langsamkeit aufgefallen. Mit zartem Stimmchen verkündete sie: »Ich kenne einen Witz von meinem großen Bruder. Den habe ich euch mitgebracht: Sagt ein Malermeister zu seinem Gesellen: ›Streich bitte die Fenster!‹ Antwortet der Geselle: ›Die Rahmen auch?‹«

Ratloses Schweigen. Ein paar Sekunden später fingen die Ersten an zu tuscheln. »Ach, der wollte die Glasscheiben anmalen!« Langsam begann leises Gekicher. Daraufhin das Mädchen: »Ich erzähle ihn euch einfach noch mal, dann werdet ihr es schon verstehen!« Sie wiederholte den Witz – mit großem Erfolg, alle Kinder lachten. Anschließend habe ich Carla für ihren Mut, einen Witz frei vor der Klasse zu erzählen, sehr gelobt. Die anderen merkten, dass ein solches Verhalten positiv verstärkt wird, und begannen, zu Hause Witze zu lesen, die sie dann als Kreisleiterkinder zum Besten gaben. Manche brachten auch Scherzartikel mit, die dann kurz im Kreis gezeigt wurden, alle zum Lachen brachten und wieder verschwanden. Der Effekt war deutlich: Die Schülerinnen und Schüler hatten gemerkt, dass Humor einen hohen Stellenwert hat. »Ah, die Frau Kaiser findet es gut, wenn man Witze erzählt!« Eltern berichteten, dass ihre Kinder plötzlich die Tageszeitung, die sie zuvor nie interessiert hatte, nach Witzen durchsuchten. Die langsame und verträumte Carla fand Gefallen an meinem Lob. Die Bestärkung weckte in ihr den Wunsch, noch mehr Lob zu bekommen. Ein Motivationsschub: Sie bemühte sich um mehr Schnelligkeit, war nicht mehr die Letzte beim Anziehen und trat deutlich selbstbewusster gegenüber ihren Klassenkameraden auf.

Ein paar Wochen später besuchte die Schulinspektion des hessischen Kultusministeriums unsere Schule. Bevor die Inspektoren kamen, diskutierten wir in unserer Familie, ob ich dann eine klassische Stunde oder den üblichen Unterricht halten sollte, sprich den von Kindern geleiteten Morgenkreis mit anschließender selbstständiger, eigener Lernzeit. Wir entschieden uns für den üblichen Unterrichtsablauf. Die Inspektoren kamen zum Hospitieren, führten Interviews mit den Kindern und den Eltern. Beim Abschlussbericht erhielt die Schule beste Noten und der Inspektor betonte: »Frau Kaiser, was wir heute im Morgenkreis bei Ihnen gesehen haben, das haben wir in ganz Hessen noch nicht gesehen.« Für mich war das eine Bestätigung meiner Arbeit, die immer die Stärkung der Lernatmosphäre als wichtigstes Ziel verfolgt.

Im Folgenden werden weitere Humorrituale beschrieben, die sich leicht abwandeln und in allen Schulformen anwenden lassen. Es muss ja nicht gleich ein an die Tafel gezeichneter Cartoon sein. Ein paar leichtere Varianten erzielen auch eine hohe Wirkung.

## Witz des Tages

Der Witz des Tages kann zu Beginn einer Stunde erzählt werden. Vortragen können ihn sowohl der Lehrer wie auch die Schüler und Schülerinnen. Ebenso gut kann er am Ende der Stunde seinen festen Platz bekommen. Wie am Anfang des Kapitels beschrieben, bietet er die Möglichkeit, die Klassendisziplin durch die Aussicht auf einen Witz oder einen witzigen Cartoon zu erhöhen. Und denken Sie daran: Jeder Witz ist eine Denkleistung des Gehirns! Er fördert das Sprachverständnis und kann ohne Intelligenzleistung nicht verstanden werden. Erst durch eigenes Nachdenken verstehen die Schülerinnen und Schüler den Widerspruch, die Inkongruenz, das Zusammenführen von Dingen, die nicht zusammengehören, die Pointe. Indem man einen Witz versteht, trainiert man seinen Scharfsinn und seine Findigkeit (Birkenbiehl 2005). Außerdem freuen sich die Schüler über ihre eigene Cleverness, die sie als Zuhörer aufbringen müssen. Oder wie Eckart von Hirschhausen gerne sagt: »Je höher der Absatz, desto kürzer der Hauptsatz.«

## Cartoon der Woche

Peter Veith schreibt in seinem Buch »Humor im Klassenzimmer« über die Idee, den Witz der Woche am Schwarzen Brett aushängen zu lassen. Motiviert durch den Erfolg in meinem Morgenkreis überlegte ich, in unserer Schule auch den Cartoon der Woche einzuführen. Warum soll nur meine Klasse fünf Minuten lustig sein? Lassen wir doch alle lachen! Die Schulleitung war einverstanden, musste jedoch zunächst die Gesamtkonferenz und den Klassenrat befragen.

Das Anliegen wurde in Gesamtkonferenz und Schulversammlung diskutiert. Als Ergebnis wurde ein wöchentlicher Witzedienst eingeführt. Seine Aufgabe: einmal die Woche am Schwarzen Brett einen Cartoon für alle aushängen. Eine Witzekiste mit laminierten Cartoons wurde angelegt – und es kam der Montag, an dem das erste Mal ein Cartoon am Schwarzen Brett hing. Eine Traube von Schülern bildete sich im Treppenhaus. Alle versuchten gleichzeitig, den Witz zu lesen. Man hörte Ausrufe wie: »Ach, wie witzig!«, »Hä? Versteh ich nicht!« und »Doch, ich erklär es dir, dann raffst du das auch!« Nach ein paar Wochen ließ das anfänglich starke Interesse etwas nach. Aber immer wieder sieht man ein Kind vor dem Cartoon stehen und schmunzeln. Und der Witzedienst ist in der Klasse weitaus beliebter als der Müll- oder Aufräumdienst.

Und wie kommt der Cartoon der Woche bei den Lehrern an? Zum Beispiel so: Ich unterhielt mich mit einer Kollegin im Lehrerzimmer. Thema war die hohe Anspruchshaltung der Eltern und das häufig fehlende Vertrauen in die Arbeit an der Schule. Auf dem Weg nach draußen diskutierten wir weiter, bis wir am Schwarzen Brett vorbeigingen. Ich machte die Kollegin auf den Cartoon der Woche aufmerksam, sie las ihn und fing herzlich an zu lachen: »Ach, den lese ich viel zu selten. Wie lustig: Hänsel und Gretel fragen die alte Hexe, ob es auch Pommes mit Mayo beim Pfefferkuchenhaus gibt! POMMES MIT MAYO!« Wir lachten beide, gingen lachend auf den Schulhof und die Kollegin steuerte zielstrebig auf die Aufsicht führende Lehrkraft zu: »Hast du das schon gelesen? Pommes mit Mayo?!« Beide lachten, und ich ging schmunzelnd zu meinem Auto. Das Problem des fehlenden Vertrauens seitens der Eltern war nicht gelöst. Aber wir fuhren alle mit einem Lächeln nach Hause – was wiederum die Arbeitsmotivation erhöht, um das Problem vielleicht am nächsten Tag frischer angehen zu können. Ganz im Sinne von Ringelnatz: »Humor ist der Knopf, der verhindert, dass uns der Kragen platzt.«

## Humormotto der Woche / des Monats

An vielen Schulen gehört es zum Inventar: das Motto des Monats. Hier werden meist Ziele formuliert, die das Schulklima fördern und verbessern sollen. Beispielsweise: »Wir klären Konflikte mit Worten«. Ausgehend von der Beschäftigung mit Humor und seiner Kraft, Konflikte zu entschärfen, entstand die Idee, die definierten Ziele mit

Humor zu verknüpfen und damit möglicherweise mehr zu erreichen. Ist es nicht leichter, sich etwas Positives vorzunehmen, als etwas Negatives zu vermeiden?

Da das Motto des Monats die gesamte Schulgemeinschaft betrifft, stimmte ich mit den Kindern darüber in der Schulversammlung ab. Auch hier waren die Schülerinnen und Schüler offen für Neues, und so hing einen Monat später das Motto »Wir bringen uns gegenseitig zum Lachen« am Schwarzen Brett.

Was wird dadurch implizit vermittelt? Wir fördern die Lachkultur! Es ist uns wichtig, dass ihr lacht. Dass es euch gut geht. Dass die Schule ein Ort der Fröhlichkeit ist, an dem das Lachen geschätzt wird.

## Humorblitzlichter der Woche

Humorrituale eignen sich auch am Ende einer Woche. Insbesondere in der Sekundarstufe 1 verbringt der Klassenlehrer oft nur wenige Stunden in seiner Klasse und bekommt dadurch meistens kaum mit, was seine Schüler beschäftigt und was sie erlebt haben. Dieses Manko kann das Ritual »Blitzlichter der Woche« beheben. Am Ende der Woche werden die Schülerinnen und Schüler aufgefordert, besondere Situationen der vergangenen Woche zu erzählen. Auch hier bietet sich die Möglichkeit, den Humor zu integrieren. Neben der Frage, was sich in dieser Woche Besonderes ereignet hat, kann der Lehrer zusätzlich fragen: Worüber habt ihr diese Woche besonders gelacht? Was gab es zum Schmunzeln? Das stärkt die Bindung zwischen Lehrer und Kindern. Man lernt seine Schülerinnen und Schüler besser kennen. Was bringt euch zum Lachen? Was ist euch wichtig?

Regelmäßig fünf Minuten einplanen, in denen es um Humor geht? Das können Lehrer in der Sekundarstufe 1 sehr skeptisch sehen. Schließlich müssen sie viel Unterrichtsstoff vermitteln. Doch auch wenn sie unter großem Zeitdruck stehen: Die hier vordergründig verlorenen fünf Minuten sind tatsächlich gewonnene fünf Minuten. Die Lernatmosphäre verbessert sich, und das Ritual gibt den Jugendlichen das sichere Gefühl, uns Lehrern wichtig zu sein.

## Lachkasten

In vielen Klassen ist er eine feste Einrichtung: der Kummerkasten. Schülerinnen und Schüler können Briefe und Zettel mit ihren Anliegen in eine Box werfen wie in einen Briefkasten. Warum nicht auch hier den Blick auf das Positive wenden? Neben dem berechtigten Kummerkasten kann ein Lachkasten eingeführt werden. Was war diese Woche besonders witzig? Wenn es gleich aufgeschrieben wird, gerät es nicht in Vergessenheit und kann bei den Blitzlichtern der Woche vorgelesen werden. »Wer hat einen besonders lustigen Witz gehört oder gelesen? Schreibt ihn auf und er wird vorgelesen!« Mit dieser Ermunterung kann sich der Lehrer mit seinen Schülern in Salutogenese üben: Der Blick wird auf das Humorvolle und Stärkende gerichtet. Auch die Schülerinnen und Schüler können ihr Humorbewusstsein trainieren und damit die Lernatmosphäre aktiv mitgestalten.

Auf die Idee, neben dem Kummerkasten auch einen Lachkasten aufzustellen, kam natürlich mein Mann, der Komiker. Meinen Schülern gefiel der Begriff. Die Mädchen verzierten den Kasten mit Smileys und die Jungen schrieben sofort auf, wie lustig der Scherzartikel war, den Mikos mitgebracht hatte. Es handelte sich um einen künstlichen Hundehaufen, den ich für echt gehalten hatte. Ich war mir nicht sicher, ob ich das lustig finden sollte. Mein Mann freute sich jedoch über die humorvolle Kreativität meiner Schüler.

## Klausurwitz

Je älter die Schülerinnen und Schüler sind, desto größer ist ihre Angst vor Klausuren und desto höher sind auch die Anzahl der zu bewältigenden Klausuren und der eigene Erwartungsdruck. Im schlimmsten Fall entwickeln die Schüler Symptome wie Herzrasen, Schwindelgefühle, pochenden Puls im Ohr oder heißkalte Schauer, ihr Kopf ist blockiert – kurz: Sie haben Prüfungsangst.

Die Hirnforschung konnte nachweisen, dass allein schon das Schneiden von Grimassen die Gesichtsmuskulatur entspannt und die Laune hebt. Selbst ein künstlich herbeigeführtes Lächeln setzt Dopamin frei, das der Aufregung und Angst wirksam entgegensteuert und die Konzentrationsfähigkeit steigert. Im sechsten Kapitel gehen wir genauer auf dieses Phänomen ein. Wenn Sie um solche Zusammenhänge wissen und sie anwenden, ist es als Lehrer ein Leichtes, vor Klausuren ein Humorritual zu etablieren, um eine entspannte Atmosphäre zu fördern. Das kann eine Übung mit Gesichtsgrimassen sein, deren Sinn und Zweck den Schülerinnen und Schülern erläutert wird. Oder Sie bitten einen Schüler, das Thema der Klausur, den Wetterbericht oder einen Witz vorzulesen und dabei einen Korken zwischen den Zähnen zu halten. Wie auch immer das Humorritual gestaltet wird, der Fantasie sind keine Grenzen gesetzt. Und selbst wenn keiner lacht: Die gut gemeinte Geste zählt und wird honoriert!

Aus meiner Unterrichtserfahrung weiß ich, dass es den Schülerinnen und Schülern die Nervosität nimmt, wenn vor einer Arbeit Atem- oder Brain-Gym-Übungen gemacht werden. Dieses Ritual wende ich seit Jahren an. Bei den gezielten clownesken Grimassen konnte ich einen stärkeren Effekt beobachten. Ich hatte einmal das Gefühl, dass sich die Anspannung regelrecht im Lachen entlud. Meine Sorge, die Schülerinnen und Schüler könnten anschließend unaufmerksamer sein, erwies sich erfreulicherweise als unbegründet.

Die lustigsten Witze
Ideenbörse für
Humorforscher

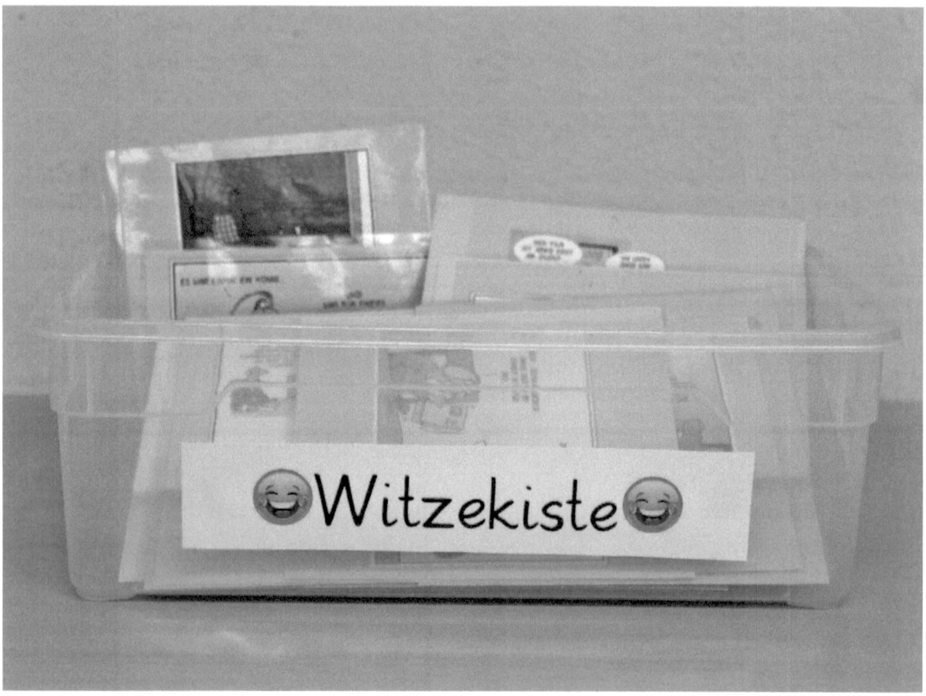
Witzekiste

Arbeitsblätter austeilen
Peter
Blumen gießen
Witzedienst
Lea

Das ist das
Motto
des
Monats
Wenn mich jemand ärgert,
bleibe ich cool!
Wenn es mir zu viel wird,
sage ich: Stopp!
Wenn mich jemand nervt, sage ich
es ihm ohne Schimpfwörter.
URKUNDE
Wir helfen uns gegenseitig!
Lachen ist pädagogisch wertvoll
Witz der Woche

## Humorregal

In den Klassenräumen der Grundschule, immer häufiger aber auch in der Sekundarstufe 1, befindet sich eine Leseecke mit einer Auswahl von Büchern, die den Kindern zur Verfügung stehen. In den höheren Klassen dient dazu die Schulbibliothek.

In jeder Buchhandlung findet sich ein Regal mit ausgewählter Literatur zum Thema Humor. In unserer Familie erfreut sich diese Abteilung großer Beliebtheit. Allein das Schmökern in Witzebüchern zaubert ein Lächeln ins Gesicht. Die persönliche Bibliothek auf unserer Toilette wächst stetig an. Auch in Schulbibliotheken eröffnet ein Humorregal viele Möglichkeiten. Neben den klassischen Witzebüchern (die zwischen den Lernphasen sehr guttun können!) sind auch Biografien berühmter Clowns und Komiker für Jugendliche faszinierend, bis hin zu politisch bildendem Kabarett.

In meiner Klasse ist die Leseecke sehr beliebt. Seitdem neben den Kategorien »Krimis«, »Pferdebücher« und »Tierbücher« auch die Kategorie »Lustige Bücher« existiert, hat sich das Leseverhalten merklich verändert. Die Leseecke ist noch beliebter geworden und das Humorregal bietet schon für Erstklässler einen großen Leseanreiz (ein Cartoon-Buch von Uli Stein enthält wenig Text und garantiert viele Schmunzler).

## Humorforscherkiste

In meinem Klassenzimmer stehen Bücherforscherkisten zu verschiedenen Sachthemen (Magnetismus, Frühling, Wetter usw.). Während der eigenen Lernzeit arbeiten die Kinder mit Hilfe der Kisten an selbstgewählten Themen. Inzwischen gibt es auch eine Humorforscherkiste, bestückt mit entsprechenden Büchern. Wir regten die Kinder an, ein Humorprojekt durchzuführen. Nach anfänglichem Zögern wagte sich eine Gruppe daran. Sie entwarf ein Plakat, auf dem sie Witze in unterschiedliche Kategorien einteilte (Tierwitze, Kinderwitze, Ärztewitze usw.). Ohne es zu merken, übten die Kinder sinnverstehendes Lesen, Kategorisierungen, Abschreiben und lautes Vorlesen. Außerdem hatten alle während des Humorvortrags sehr viel zu lachen. Beim nächsten Mal übertraf eine andere Gruppe den Vortrag noch, indem sie die Witze auswendig lernte und mit viel Charme präsentierte. Bisheriges Highlight war eine Projektgruppe, die eigene Witze schrieb, vorstellte und erzählte, welche Schreibtechniken nötig sind, damit ein Witz witzig wird (Inkongruenz, Übertreibung etc.).

## Humorspielekiste

Alle Lehrer kennen sie, alle Kinder lieben sie: Auflockerungsspiele. Während eines Spiels entsteht eine lockere Atmosphäre, die Schülerinnen und Schüler entspannen sich, und bei fast allen Spielen wird gelacht. Auch hier gilt das Prinzip: Die scheinbar verlorene Zeit wird zur gewonnenen Zeit.

Beispielhaft beschreibt die Humorforscherin Eva Ullmann folgenden Versuch: Eine Schulklasse erhält eine Knobelaufgabe. Eine Hälfte der Klasse beginnt sofort mit der Suche nach der Lösung. Die andere Hälfte geht zunächst zum Quatschmachen in ein anderes Zimmer und beginnt erst 30 Minuten später mit der Lösungssuche. Am Ende löst die »Quatschgruppe« die Knobelaufgabe mit deutlichem Zeitvorsprung.

Wie bereits im Kapitel »Mit Humor lernt es sich leichter« beschrieben, zeigt sich auch hier die erfrischende Wirkung von Lachen auf kreatives und problemlösendes Denken. Eine Spielesammlung, die man im Kopf hat, oder aber eine Humorspielekiste, die man sich ansammelt, erleichtert den Einsatz von lustigen Auflockerungsübungen. Peter Veith schreibt in seinem Buch über Humor im Klassenzimmer, dass schon die einfache und klassische »Stille Post« für ein erfrischendes Lachen zwischendurch sorgen kann.

Eine Vertretungsstunde von mir endete mit diesem Klassiker. Die Schüler und ich standen im Kreis und kicherten, als die Klassenlehrerin hereinkam und fragte: »Was macht ihr denn hier?« Darauf meine Antwort: »Ach, wir mussten mal kurz Lachen einschieben, die waren so fleißig.« Die Kollegin kicherte und die Kinder kicherten noch immer – über den lustigen Satz »Die Kuh frisst gute Noten«, der aus dem Spiel entstanden war.

## Handpuppen

Kinder lieben Handpuppen. Ein kleines Stofftier, in das durch Bewegung und Sprache Leben eingehaucht wird – und alle sind fasziniert. Das Stofftier kann zur Disziplinierung dienen, indem es nur bei Ruhe und Aufmerksamkeit erscheint. Es kann ebenso als Humorinstrument eingesetzt werden. Dabei kommt es nur darauf an, sich ein paar Gedanken über den Charakter des Tieres zu machen.

Ich wählte als Klassentier einen Schimpansen, der gerne auch mal frech ist. Sein besonderes Kennzeichen ist, dass er sich leidenschaftlich gerne und hektisch kratzt. Die Kinder lachen schon, wenn er nur anfängt, sich zu kratzen. Er braucht nichts Lustiges zu sagen, seine Körpersprache allein bietet Komik. Das entspannt übrigens auch den Benutzer der Handpuppe, denn nicht immer fällt dem Lehrer ein lustiger Dialog ein. Vor einem Jahr war mein Klassentier eine Ratte. Nach kurzem Nachdenken stand fest, dass diese Ratte ständig neugierig schnüffelt. Die Kinder liebten Anton und sein niedliches Schnüffeln.

Für besonders viele Lacher sorgt beim Handpuppenspiel die Humortechnik des Wiederholens (zum Beispiel: Affe »Ich überlegte hin und her, und hin und her, und hin und her, und hin und her…« Der Lehrer verdreht die Augen, schmunzelt über die Dummheit des Äffchens. Die Kinder lachen über seine Zerstreutheit).

Von meinen Töchtern weiß ich, dass die Handpuppen selbst in der fünften Klasse noch sehr gut ankommen. Die Lehrerinnen stiegen allein durch das Verwenden der Puppen im Sympathiewert.

Der Einsatz von Puppen bietet sich als planbares und dankbares Humorritual an. Und ganz nebenbei entsteht auch eigene Spielfreude, wenn der Affe sich laust und alle Kinder lachen.

**Überblick: Tipps für Humorrituale**

- Witz des Tages
- Cartoon der Woche am Schwarzen Brett
- Humormotto des Monats
- Humorblitzlichter der Woche
- Lachkasten
- Klausurwitz
- Humorregal
- Humorforscherkiste
- Humorspielekiste
- Handpuppen

*Humorrituale schaffen eine Atmosphäre der Fröhlichkeit und der Zusammengehörigkeit, ein Wir-Gefühl.*

## Persönliches Erzählen

Wir wollen unterhalten werden, nicht nur lernen. Menschen egal welchen Alters lieben Geschichten und erinnern sich besser daran als an Fakten. Im Idealfall steckt in der Anekdote auch eine Prise Witz oder etwas zum Schmunzeln. Ein kurzer Rückblick in die eigene schulische Vergangenheit beweist oft, dass Lehrer, die auch mal eine persönliche Geschichte erzählt haben, die sympathischen Lehrer waren, für die man gerne gelernt hat.

Ich erinnere mich gerne an meinen Biologie- und Chemielehrer Herrn Engelhardt. Er war kein ausgesprochener Komiker, doch er lachte gerne. Als er Vater wurde, gab er häufig Anekdoten über sein Baby zum Besten. Oft hatten sie einen inhaltlichen Bezug (Beschreibung des Saugreflexes bei Neugeborenen: Der kleine Sohnemann und sein Vater waren im Sommer im Schaukelstuhl eingeschlafen. Nach einer Stunde weckte ihn seine Frau und fand einen Knutschfleck an seinem Hals). Manchmal waren es einfach nur Geschichten aus dem Leben der kleinen Familie. Wir liebten seine kurzen Erzählungen, egal ob mit oder ohne Pointe, und seine Freude am Lachen.

Indem Herr Engelhardt seine Stunden immer wieder mal mit Anekdoten aus seinem Leben »würzte«, übte er sich nebenbei im Geschichten erzählen. Gute Geschichten folgen Gesetzmäßigkeiten. Die Struktur von spannenden Anekdoten kann jeder lernen – das ist nicht schwer. Dabei kommt es nicht auf theoretische Kenntnisse an. Gute Geschichtenerzähler üben und üben. So auch Herr Engelhardt. Die Schülerinnen und Schüler honorierten es und begannen selbst, aus ihrem Leben zu berichten.

Der Hirnforscher Manfred Spitzer schreibt, dass es nicht so bedeutend ist, mit welcher Methode ein Lehrer unterrichtet. Wichtig sei, dass Lehrer und Schüler sich gegenseitig schätzen und mögen. Hinter schulischen Erfolgen stecke ein geliebter Lehrer. Auch ältere Schüler arbeiten für den Lehrer. Für ihn strengen sie sich an, wollen ihm eine Freude machen und ihn nicht enttäuschen.

Was die Hirnforschung bereits wusste, hat die Hattie-Studie bestätigt: Die Persönlichkeit des Lehrers prägt das Lernverhalten und die Motivation der Schülerinnen und Schüler. Liegt es da nicht nahe, auch eine wohldosierte Prise Persönliches für den Unterricht zu nutzen? Eckart von Hirschhausen schreibt in seinem Artikel »Humor auf den Lehrplan« (2009), dass Geschichten die Schülerinnen und Schüler motivieren: »Wenn das Thema keine Geschichte hergibt, lohnt es sich, kurz zu erklären, was einen selber an dem Thema packt. Wann es einem im Leben geholfen hat, gerade diese Sache zu wissen. Oder komischer: Wann man sich gewünscht hätte, sie zu wissen« (von Hirschhausen 2009).

Persönliche Erfahrungen und Beispiele sind interessanter als reine Daten und Fakten, als trockene Argumente und logische Schlussfolgerungen. Ich versuche immer, ein anstehendes Unterrichtsthema auf eigene Erfahrungen hin abzuklopfen: Warum und mit welchem Schwerpunkt möchte ich dieses Thema unterrichten? Inwiefern können meine Erfahrungen ein Anlass sein, an die Vorerfahrungen meiner Schülerinnen und Schüler anzuknüpfen? Eine mögliche innere Sperre nehme ich dabei ernst. Nicht jeder Einstieg passt zu mir. Am besten fängt man damit an, womit man sich wohlfühlt. Doch oft weiß man erst, nachdem man etwas ausprobiert hat, ob es einem und den Schülerinnen und Schülern schmeckt.

Das heißt jedoch nicht, dass man jedes Schuljahr und in jeder Jahrgangsklasse die gleichen Anekdoten erzählen sollte. Das wirkt schnell mechanisch und unpersönlich, genau das Gegenteil von dem, was man eigentlich wollte. Darüber hinaus spricht sich so etwas an Schulen schnell herum und die positiv gemeinte Witzigkeit schlägt ins Negative.

Unvergessen ist für mich mein Erdkunde- und Biologie-Lehrer Herr Fürst, der seine Sexualerziehungsstunde Jahr für Jahr mit dem gleichen »Witz« begann: »Meine Damen und Herren, ich weiß die hundertprozentig sichere Verhütungsmethode.« Mit großer Gestik und Theatralik schrieb er die Buchstaben BVS an die Tafel, drehte sich um und sagte mit einem triumphierenden Lächeln: »Bleib Von Se!« Die erhoffte positive Wirkung blieb aus. Zumal besagter Lehrer häufig sarkastische Bemerkungen machte, die die Lernatmosphäre vergifteten.

Dagegen kann eine kleine persönliche Begebenheit oder die Leidenschaft für ein Thema die Schülerinnen und Schüler als Zuhörer faszinieren und in ihren Bann ziehen. Zwei Lehrerkollegen aus der Berufsschule buchten meinen Mann für ein Präsentationscoaching. Vordergründig ging es ihnen um die Verbesserung ihrer Präsenz und Artikulation. Jeder der Kollegen hatte ein Unterrichtsthema als Beispiel mitgebracht. Zunächst waren ihre Vorträge tatsächlich geprägt von Unsicherheit und Introvertiertheit. Im Laufe des Coachings befragte mein Mann sie nach ihren Hobbys und Leidenschaften. Einer der beiden war Mathematiklehrer und leidenschaftlicher Alpinkletterer. Was hatte sein Klettern mit dem Fach Mathematik zu tun? Es gelang ihnen, dies inhaltlich in seine Präsentation zu integrieren. Ab diesem Moment wurde der Vortrag spannender, lebhafter und authentisch. Die Aussprache verbesserte sich automatisch, und man begann, sich als Zuhörer für das Thema zu interessieren.

Auch Hilbert Meyer beschreibt, dass ein guter Einstieg, eine persönliche Geschichte helfen kann, den Seelen-, Körper- und Pausenschutt der Schülerinnen und Schüler beiseite zu räumen, der den eigentlichen Beginn der Arbeit behindert.

Nicht immer finde ich eine passende humorvolle Geschichte, aber die persönliche Erzählung fasziniert, und meistens sind die Schülerinnen und Schüler umso lachfreudiger, da sie nicht mit einer witzigen Wendung rechnen. Jede noch so kleine lustige Anmerkung wird insbesondere in der Grund- und Unterstufe honoriert. Als im Sachunterricht das Thema Sinnesorgane anstand, habe ich die Kinder mit folgender Anekdote gefesselt: »Wir hatten früher Kontakt zu einem blinden Musiker, genauer einem blinden Schlagzeuger. Er spielte sehr erfolgreich in einer mit uns befreundeten Band. Bei dem ersten gemeinsamen Abendessen in unserem Haus waren wir etwas angespannt, wie sich Manno, der blinde Schlagzeuger, zurechtfinden würde.« Den Schülerinnen und Schülern beschrieb ich meine Unsicherheit, die sie gut nachvollziehen konnten. Mit einer Spur Theatralik erzählte ich, dass wir Manno überfürsorglich begrüßten, ihm sofort die Hand reichen wollten, die er aber erstaunlicherweise überhaupt nicht annehmen wollte. Beim Zuhören kicherten die Kinder über unsere Hilflosigkeit. Umso mehr staunten sie über den weiteren Verlauf der Geschichte. »Manno betrat den Flur des Hauses und begann zu schnipsen. Ohne eine Spur von Unsicherheit ging er auf die nächste Tür zu, fand schnipsend den Weg zum Tisch und zu den anderen Gästen, suchte sich einen freien Stuhl und setzte sich. Erstaunt folgten wir ihm und erfuhren, dass er sich durch sein Schnipsen und den Widerhall von Wänden und Möbeln auch ohne Augenlicht orientieren konnte. Selbst das Einschenken seines Lieblingsgetränks, das wir literweise besorgt hatten, da er es auch literweise verzehrt (die Schülerinnen und Schüler lachten), übernahm er selbstständig. Er nahm sein Glas, steckte den Finger hinein, schenkte bis zu dem Moment ein, in dem die Cola seinen Finger berührte. Schmatzend schleckte er schließlich seinen Finger ab« (auch diese kleine Anmerkung zauberte ein Lächeln auf die Kindergesichter).

Die Erzählung über den blinden Musiker faszinierte und amüsierte die Kinder und war gleichzeitig der Einstieg für die Einheit »Unsere Sinne«. Häufig sind es nur kurze Anekdoten, die einen gelungenen und im Idealfall amüsanten Einstieg in das Thema ermöglichen. Auch eine Geschichte aus einem Buch, das der Lehrer persönlich sehr schätzt, kann die Kinder begeistern. Unsere Tochter, die das Gymnasium besucht, kam neulich voller Enthusiasmus nach Hause. In der Mathematikstunde hatte die Lehrerin eine Geschichte über einen Zahlenteufel vorgelesen, der faszinierend mit Zahlen jonglierte und spielerisch logische Zusammenhänge und Zahlenkombinationen in eine Geschichte verpackte. Noch in der Küche wurden uns die Zahlenreihen auf den bereits geschriebenen Einkaufszettel notiert. Am Wochenende tauschten sich die eingeladenen Klassenkameradinnen darüber aus, wie sehr sie sich schon auf die Mathematikstunde am Freitag freuen, da dann die Geschichte vom Zahlenteufel weitergelesen wird. Begeisterung für abstrakte Logik anhand einer Geschichte. Beim Elternabend erzählte die Mathematiklehrerin von dem Buch und empfahl es allen mit den Worten: »Ich persönlich liebe dieses Buch. Das nimmt jedem die Angst vor Mathematik, wobei ich davon ausgehe, dass Sie keine Angst haben.«

Persönliches kann in den Unterricht einfließen, ohne dass man sein Privatleben ausbreitet. Man kann vom Wochenende erzählen oder von seinem Hobby, das man mit Leidenschaft betreibt. Beeinflusst durch meinen Mann erzähle ich gerne, worüber ich sehr gelacht habe oder was mich gefreut hat. Ansonsten gibt es noch die legendäre Erzählung vom Referendar, der in der Prüfungsstunde vom angrenzenden Vordach durchs Fenster kletterte, die Prüfungskommission triumphierend fixierte und die Stunde mit den Worten begann: »Na, das war doch mal ein Einstieg!«

Welche persönliche Erzählung auch immer – es lohnt sich, darüber nachzudenken. Und wenn es nur die Geschichte vom Knutschfleck am Hals des Biologie-Lehrers ist.

**Überblick: Persönliches Erzählen**

- Schüler lieben persönliche Geschichten und danken es mit Lachfreudigkeit.
- Persönliche Erzählungen können das Lehrer-Schüler-Verhältnis stärken.
- Anekdoten humorvoll zu erzählen kann man durch Übung lernen.
- Geschichten sind gefüllt mit Emotionen – Emotionen sind der Schlüssel zum Verständnis und Gedächtnis.

»Eine gut erzählte Geschichte macht aus den Ohren Augen.« (chinesisches Sprichwort)

## Humortechniken für den Unterricht

Kann jeder Lehrer humorvoll sein? Besitzen alle Lehrer die Fähigkeit, ihre Schülerinnen und Schüler zum Lachen zu bringen? Die Antwort lautet: Ja! Jeder Mensch besitzt Humor. Wie in dem Kapitel »Trainieren Sie Ihren Sinn für Humor« noch beschrieben wird, ist die Fähigkeit zum Humor vergleichbar mit der Technik des Klavierübens. Sie wird immer besser, je mehr ich sie übe und einsetze. Während der Arbeit an diesem Buch konnte ich selbst die Erfahrung machen, dass sich durch die Beschäftigung mit dem Thema Humor die eigene Offenheit und Bereitschaft für Fröhlichkeit in der Klasse steigert.

Plötzlich nahm ich Situationen mit der Humorbrille wahr, und auch kleine kurze Lacher wurden von mir deutlich mehr geschätzt. In einer ersten Klasse kam es bei der Einführung des Zahlenraums bis 20 zu folgender Situation: Wir arbeiteten mit zehn roten und zehn blauen Holzfiguren, die in einen Zug einsteigen sollten. In jedes Abteil passten genau zehn Figuren. Mit diesem didaktischen Material hatten wir bereits im vorherigen Schuljahr erfolgreich gearbeitet. In diesem Schuljahr jedoch hielt der Humor Einzug in die Zahlenraumerweiterung. Die roten Figuren wurden spontan zu FC-Bayern-Fans, die auf dem Weg zu einem Spiel waren. Die blauen Männchen sollten auf Wunsch der Kinder eine Mannschaft des ansässigen Turnvereins sein. Es entstand ein allgemeines Gekicher. Ich ließ sie kichern, fuhr aber mit der Erklärung fort. Schnell herrschten wieder Ruhe und eine freudige Aufmerksamkeit. Beim Einsteigen in das Zehnerabteil fielen zwei der roten Figuren um. »Na, die haben wohl schon ein bisschen Bier getrunken, die Bayern-Fans.« Durch diese kleine Randbemerkung brachen die Kinder in fröhliches Gelächter aus. Die gleiche Situation vor einem Jahr mit dem gleichen Material verlief deutlich humorloser. Der Blick durch die Humorbrille eröffnete mir eine andere Wahrnehmung und damit die Chance, die Komik in einer Situation zu erkennen und aufzugreifen.

Mein Mann versucht mich immer wieder zu ermutigen, indem er sagt: »Lehrer haben alle Vorteile auf ihrer Seite, von ihnen erwarten die Schüler nichts Lustiges. Die Erwartungen können leicht übertroffen werden.« Er erlebt als Moderator auf der Bühne bei Kongressen und Podiumsdiskussionen die gleiche Situation. Niemand im Publikum erwartet von ihm einen Gag, aber umso dankbarer wird jeder Spaß aufgegriffen. Anders sieht es aus, wenn er in Varietés oder Kleinkunstbühnen auftritt. Jetzt wird erwartet, dass er lustig ist und alle zum Lachen bringt. Von den Lehrern erwartet das keiner.

Seine eigenen Humortechniken zu trainieren und zu verfeinern ist ein Ziel, das die wenigsten Lehrer verfolgen. Wie zu Beginn des Buches beschrieben, waren auch in unserer Familie die Rollen über Jahre hinweg klar verteilt: Er der Humorprofi, ich der Erziehungsprofi. Erst als mein Mann anfing, Vorträge über Humor zu halten, wurde uns klar, dass vieles davon auf den Lehrerberuf übertragbar ist. Die Arbeit eines Komikers unterscheidet sich oft gar nicht so stark von der des Lehrers. In den Kinderkliniken, in denen er zwischendurch als Klinikclown arbeitet, sorgen die Clowns dafür, dass das ärztliche Ringen um den Heilungserfolg dem Kind nicht den Boden unter den Füßen wegzieht: die Kindheit und den kindlichen Lebensmut. Pflegerinnen und Ärzte konzentrieren sich auf den kranken Teil des Kindes, die Clowns nehmen sich bewusst der gesunden Anteile an und stärken sie. Sie finden das Kind hinter dem Patienten. Sie erspüren die Situation im Krankenzimmer und greifen auf lange geübte Humortechniken zurück, um ein Lächeln auf das Kindergesicht zu zaubern, um die Lebensfreude wieder zu wecken.

Ähnlich klingt es bei Gerald Hüther, wenn er über die Schule und das Lernen schreibt, über Lehrer, die sich ausschließlich auf die Schwächen der Schüler konzentrieren. Dabei möchte jedes Kind von sich aus lernen. Begeisterung am Lernen kann niemand erzwingen und anordnen. Sie lässt sich nur wecken. Hüther sagt, dass die Zauberworte, mit denen sich die Begeisterung bei jedem Menschen wiedererwecken lässt, egal, wie alt er ist und wie viele negative Erfahrungen er schon gemacht hat, ganz einfach sind: »Wir laden dich ein, wir ermutigen und inspirieren dich, dich auf Neues einzulassen und die Freude am Lernen wiederzuentdecken« (Hüther/Hauser 2012,

S. 119). Nach Hüther brauchen Jugendliche Schulen, in denen sie nicht mit Angst oder Gleichgültigkeit, sondern mit Lust und Freude lernen können.

Der Blick des Lehrers im Klassenzimmer sollte nicht der Blick eines Arztes sein. Er sollte sich nicht auf die Schwächen konzentrieren, sondern den Blick des Clowns auf die Stärke des Kindes suchen. Und so wie ein Clown seine Humortechniken täglich übt und verfeinert, kann auch jeder Lehrer seine Humortechniken trainieren und seine Schülerinnen und Schüler damit erreichen. Wenn er das Kind oder den Jugendlichen hinter dem Schüler wiederentdeckt, wird sich dieser auch wieder auf das Lernen einlassen!

Humorrituale und persönliche Geschichten können den Einstieg in einen ermutigenden und humorvollen Unterricht ebnen. Humortechniken können darüber hinaus die eigene Offenheit und Achtsamkeit für Spontaneität stärken. Es lohnt sich, die Suche nach der eigenen Humortechnik zu beginnen und sich dabei von ein paar Grundtechniken inspirieren zu lassen. Nur so können aus mathematischen Holzfiguren kleine betrunkene FC-Bayern-Fans werden.

## Übertreiben

Unsere Tochter erzählte uns folgende Geschichte: Ihre fünfte Klasse stöhnte über die Menge der zu erledigenden Hausaufgaben. »Frau Müller, das ist zu viel für uns!« »Ach ihr Lieben, ich quäl euch doch so gerne!«, antwortete Frau Müller. Die Klasse musste grinsen. An der Menge der Hausaufgaben änderte sich nichts, aber unsere Tochter kam nach Hause und erzählte davon, als wir sie fragten, was es denn heute Lustiges in der Schule gegeben hätte.

Ein Schuljahr zuvor kam sie eines Tages lachend nach Hause und meinte: »Die Frau Metzger ist die Härteste! Wir hatten sie heute in Vertretung, aber sie musste sich um zwei Klassen kümmern. Sie gab uns etwas zu arbeiten, erklärte alles und rauschte ab mit den Worten: ›Tschüsschen, Küsschen, ich muss gehen!‹ Wir mussten so lachen.« Auf die Nachfrage, ob denn die eher unruhige und schwierige Klasse daraufhin gearbeitet hätte, hieß es: »Jaja, sie musste nicht mehr kommen.«

Der neue Sportlehrer punktete bei allen Sechstklässlern, indem er seinen sechsten Klassen Tiernamen gab. Er unterrichtete den gesamten Jahrgang, und die größte Klasse des Jahrgangs nannte er »Die Dinosaurierklasse«. »Der Herr Bauer ist cool, wir sind seine Dinosaurier!« Am Elternabend erntete er fröhliches Lachen, als er die Eltern mit den Worten begrüßte: »Ah ja, Sie sind also meine Dinosauriereltern.«

Drei kleine Beispiele aus dem Schulalltag, die nicht spektakulär wirken. Drei Beispiele, in denen die Technik des Übertreibens angewendet wurde. Drei Beispiele, die täglich vorkommen können und die durch Übertreibung eine kleine humorvolle Note erhalten haben. Sie zeigen, dass die Lehrer spontan bereit waren, lustig zu reagieren.

Das Prinzip der Über- oder Untertreibung ist ein fester Bestandteil in der Arbeit des Komikers. Der Humorforscher McGhee beschreibt die Technik der Übertreibung als eine Möglichkeit, Humor in Belastungssituationen einzusetzen. In den beschriebenen Beispielen sind die Belastungssituationen eindeutig: Die Klasse hat eine Menge Hausaufgaben, die Kollegin muss zwei Klassen betreuen, der Kollege unterrichtet den gesamten Jahrgang. Indem die Belastungen auf übertriebene Weise dargestellt und von den Lehrern liebevoll überzeichnet werden, verlieren sie an Bedrohung und können lachend entschärft werden.

Folgende Übung hilft, sich in der Technik des Übertreibens zu trainieren. Man wähle einen gewöhnlichen Gegenstand aus und sage etwas darüber, das entweder völliger Unsinn ist oder den normalen Eigenschaften des Gegenstands widerspricht. Zum Beispiel:

Mein Haus ist so verrückt, da…
… wäscht sich das Geschirr selbst.
… hängt das Parkett an der Decke.
… produziert der Backofen Eiswürfel.

Dabei besteht keine Verpflichtung, besonders witzig und humorvoll zu sein, es geht lediglich um das Einüben der Übertreibungstechnik. Diese kann dann wiederum in Belastungssituationen in der Schule humorvoll angewendet werden.

Belastungssituationen erleben wir in der Schule täglich. Wenn ich mich darin übe, sie durch wohlwollende Übertreibung zu entschärfen, ernte ich Dankbarkeit bei den Kindern. Es entsteht eine Verbindung und Vertrauen zwischen mir und der Klasse. Den anstrengenden Moment, zwei Klassen gleichzeitig zu betreuen, die Situation, sich verabschieden zu müssen und die Kinder ihrem Schicksal, sprich sich selbst zu überlassen, kennen wir alle. Frau Müller hat ihn mit »Tschüsschen, Küsschen« übertrieben dramatisiert und wird damit den Schülerinnen und Schülern in Erinnerung bleiben.

## Überraschen

Eine sechste Klasse, die einen Vokabeltest schreiben musste, schrie beim Anblick der Lehrerin laut auf: »Oh nein, da kommt sie! Jetzt schreiben wir den Test! Ach Frau Franke, wie schrecklich! Wir wollen nicht!« »Ach, ihr Spielverderber«, antwortete die Kollegin. Die Klasse begann zu lachen.

Der Vokalbeltest: ein Spiel, bei dem es Spielverderber geben kann? Mit dieser Antwort überraschte die Kollegin die Schülerinnen und Schüler. Ihre Erwartungshaltung wurde positiv »enttäuscht«, die Lehrerin ging nicht darauf ein, wie belastend ein Vokalbeltest ist. Stattdessen verglich sie den Test mit einem Spiel.

Die Bestseller-Autorin Vera Birkenbiehl schreibt in ihrem Buch »An ihrem Lachen sollt ihr sie erkennen«, dass jeder Witz eine Erwartungshaltung aufbaut. Wird diese erfüllt, kommt kein Witz zustande. Wird sie enttäuscht, dann werden wir überrascht.

Ein Beispiel: »Warum sind Blondinenwitze immer so kurz?« Antwort: »Damit auch Männer sie verstehen können.«

Wie gesagt, für Lehrer ist es leichter, ihre Schülerinnen und Schüler zu überraschen, da es niemand von ihnen erwartet. Ein Chemieunterricht, der mit dem Bild einer bekannten Boygroup beginnt, überrascht und amüsiert die Schülerinnen und Schüler. Die Musiker und ihre Gemeinsamkeiten dann noch mit einer weiteren Musikgruppe zu vergleichen und davon abzugrenzen, motiviert die Jugendlichen. Das Ganze abschließend auf zwei Stoffgruppen in der Chemie, die Alkalimetalle und die Edelgase, zu übertragen, verankert sich fest im Gedächtnis der Schülerinnen und Schüler. So geschehen im Chemieunterricht von Andreas Dickhäuser.

Überraschende Komik bietet sich im Kleinen wie im Großen an. Meine Grundschüler grinsen bereits, wenn ich sie mit der Anrede überrasche: »Herr David, könnten Sie noch einmal wiederholen, welche Hausaufgaben heute zu erledigen sind?« Unsere Älteste freute sich über eine Kollegin, die sie nach einem Rollenspiel mit dem Wort »Tschüssikowski« wieder an ihren Platz schickte. Auch umgekehrt funktioniert Humor. So überraschte mich ein Schüler (Asperger Autist und hochbegabt), der bereits im zarten Grundschulalter erklärte: »Ich bin ein Atheist. Ich glaube nicht an Gott, sondern an die Evolution. Ich bin nicht evangelisch, sondern evolutionistisch!« Es wuchs zusammen, was nicht zusammengehört, und dadurch entstand Komik. Ein Vokabeltest wird zum Spiel, die Schülerinnen und Schüler werden zum Spielverderber und alles verliert an Schrecken.

## Absichtlich kindlich sein

Bei mir an der Schule ist es an Fasching Tradition, dass alle Schülerinnen und Schüler gemeinsam mit den Lehrern eine Polonaise durch das Schulgebäude veranstalten. Die Kinder lieben Fasching und lieben die Polonaise. Überrascht hat es mich aber doch, als der Viertklässler Maurice bei seiner Verabschiedung als schönste Grundschulerinnerung aufschrieb: »Als Frau Kaiser mit uns bei der Polonaise über die Schülertische gelaufen ist.« Seitdem laufe ich immer über die Schülertische, und die Kinder lachen und schreien vor Spaß dabei. Gerne rufen sie auch: Ah, die Frau Kaiser läuft auf dem Tisch!«

Absichtlich kindlich spaziere ich über Tische und Bänke, und wie man am Beispiel von Maurice sieht, beeindruckt es die Kinder sehr. Die strenge Frau Kaiser benimmt sich ausnahmsweise mal wie ein Kind. Absichtlich kindlich, clownesk anarchisch setzte ich mich über die Erwachsenenregel hinweg, dass man nicht mit Schuhen auf Tischen laufen darf.

Warum lieben Kinder Clowns? Weil Clowns absichtlich kindlich sind. Der Clown ist seit jeher Symbolfigur für eine Lebenshaltung, die sich an den unverschämten Impulsen authentischen Kindseins orientiert (Michael Titze). In der Klinik greifen Clowns auf diese Technik zurück, um dem Patienten ein Gefühl von Stärke zu geben. Da wird mitten im Krankenhausflur ein Arzt operiert, nicht ohne ihm vorher fachgerecht mit einem luftgefüllten Hammer eine Narkose verpasst zu haben. Der Clown ist in dem Moment ein Erwachsener, dem es gelungen ist, ein Kind zu bleiben. Dadurch kann er eine Brücke zum Kind und zu den Kümmernissen des Kindseins bauen.

Auch als Lehrer haben wir die Möglichkeit, das innere Kind wohldosiert durchblitzen zu lassen. Es geht nicht darum, den Lehrer als Clown dastehen zu lassen. Wie gesagt, drei bis vier Humordosen pro Unterrichtsstunde sind optimal, um den Lernerfolg zu steigern. Die wenigstens Lehrer stehen in der Gefahr, diese Dosis zu überschreiten. Doch ab und zu absichtlich etwas verkehrt machen, etwas falsch vormachen, kann sehr lustig werden. Der Kollege Andreas Dickhäuser beschreibt folgende Chemiestunde: »Zunächst packte ich genüsslich ein imaginäres Pausenbrot aus und begann mit dessen Verzehr. Dann imitierte ich einen experimentierenden Lehrer, der vor lauter Zerstreutheit ganz offensichtlich das Aufsetzen seiner Schutzbrille vergessen hatte. Schließlich gab ich vor, im Reagenzglas eine Flüssigkeit vor den Augen des Publikums mit dem Gasbrenner zu erhitzen, wobei ich natürlich darauf achtete, deutlich auf einzelne Schülerinnen oder Schüler zu zielen. Die Schüler amüsierten sich über mein falsches Verhalten sehr« (Dickhäuser 2002).

Unsere älteste Tochter erzählte eines Tages von einer Vertretungsstunde, die der Lehrer mit folgenden Worten begann: »Kinder, ich habe selbst keine Ahnung von Mathematik! Lasst uns rausgehen spielen!« Die Ankündigung, dass die ganze Klasse auf den Hof gehen durfte, wäre keine Erzählung wert gewesen. Aber das Geständnis, als Lehrer keine Ahnung von Mathematik zu haben, machte Eindruck. Darüber lachten die Schülerinnen und Schüler. Der Lehrer war ihnen sofort sympathisch, ohne dass sie ihn kannten.

Beeindruckt hat unsere jüngere Tochter, dass der Aufsicht führende Lehrer während einer Pause bei ihrem Hüpfkästchenspiel unaufgefordert mithüpfte und dann wieder diszipliniert seine Aufsicht fortsetzte.

Ein Lehrer, der auch mal absichtlich kindlich ist, der mal absichtlich etwas falsch versteht und seine kindliche Unlust äußert, verliert nicht an Autorität, sondern gewinnt an Bindung. Er gewinnt, indem er bei der Polonaise ausnahmsweise wie ein Kind über Tische und Bänke läuft. Und ganz nebenbei entsteht eine unvergessliche Erinnerung, die ein Kind für immer im Herzen behalten wird.

## Schwäche zeigen

Einer Lehrerin fällt die Kaffeetasse um, der Kaffee fließt über die Arbeitsblätter, und sie sagt: »So ist der Unterrichtsstoff wenigstens nicht so trocken.« Diese Situation beschreibt die Humorforscherin Tabea Scheel (Harmsen 2012).

Wir kennen sie alle, Situationen, in denen etwas schiefgeht, in denen keine DVD gezeigt werden kann, weil der Filmraum trotz Reservierung besetzt ist, in denen uns einfällt, dass das benötigte Buch zu Hause auf dem Schreibtisch liegt. Gerade in solchen Momenten der Schwäche kann Komik entstehen. Die oben genannte Kollegin hat es geschafft, ihr Missgeschick souverän zu meistern, indem sie mit einem witzigen Kommentar auf die Situation reagierte.

Beeindruckt hat meinen Mann auch folgendes Beispiel bei einer Tagung: Nach einer glänzenden Einführung mit vielen Vorschusslorbeeren durch den Veranstalter erschien endlich der berühmte Redner selbst auf dem Podium. Zum Erstaunen des Publikums glitten ihm seine Notizen aus der Hand und segelten Blatt für Blatt zu Boden. Rasch hob er die Blätter auf, trat ans Rednerpult und ordnete sie stumm. In aller Seelenruhe. Dann blickte er ins Publikum und sagte: »Jetzt mein nächster Trick…« Mit Humor knüpfte er eine Gefühlsverbindung zu seinem Publikum und baute so die Spannung ab, die sein Missgeschick erzeugt hatte. Gelächter rettete den Abend – nicht nur für ihn, sondern auch für alle Anwesenden.

Es ist eine Illusion zu glauben, dass Lehrer vor der Klasse ihre Gefühle verbergen können. In dem Moment des Missgeschicks sehen die Schülerinnen und Schüler im Gesicht alles. Sie sehen jede Ablenkung, jeden neuen Gedanken, jede noch so kleine Irritation und Unsicherheit. Je perfekter wir als Lehrer zu sein versuchen, desto mehr verlieren wir. Ich habe die Erfahrung gemacht: Indem ich darüber spreche, was mich durcheinanderbringt, gebe ich der Komik eine Chance und die vermeintliche Schwäche wird zur Stärke. So kam es zu der Situation, dass ich die versprochenen Füllerführerscheine vergessen hatte. Anstatt es zu überspielen, gab ich meine Schwäche zu und sagte: »Ach Mist, die hab ich vergessen. Ich habe sie nicht zu Hause liegen gelassen, ich habe es auch vergessen, sie auszudrucken. Und ich fürchte, in meinem Drucker ist die Tintenpatrone leer und ich habe vergessen, mich darum zu kümmern. Ich habe einfach komplett alles vergessen. Das tut mir leid, Kinder.« Die Schüler grinsten. Ich versprach, es mir aufzuschreiben und daran zu denken. Ich schrieb es mir zusätzlich noch auf die Hand, da es mir wirklich unangenehm war, denn die Schüler hatten sich sehr auf die Führerscheine gefreut. Die Kinder lachten. Erstaunt schaute ich auf. »Also, Frau Kaiser, jetzt kann aber wirklich nichts mehr schiefgehen!«

Der Sachbuchautor und Coach Michael Rossié erzählt, dass einer der Lieblingssätze von Nachwuchsmoderatoren in seinen Seminaren lautet: »Eine Unsicherheit kann ich doch unmöglich zugeben« (Rossié 2006). Auf die Frage hin, wie sich Günther Jauch in so einem Fall verhalten würde, ist die Reaktion immer die gleiche. Die Teilnehmer geben ihre angespannte Haltung auf, zucken mit den Schultern und stimmen zu, dass Günther Jauch alles zugeben würde, was ihn aus der Ruhe bringt.

Eine der eindrücklichsten Erfahrungen meines Mannes war ein Bühnenauftritt, bei dem für zehn Minuten der Strom ausfiel. Geplant war eigentlich eine Duonummer mit Eckart von Hirschhausen. Stattdessen mussten beide improvisieren und irgendwie die Zeit überbrücken. Nach anfänglichen Stressgefühlen gelang es ihnen, die Komik in der Situation zu finden und zu improvisieren. Sie nahmen sich Kerzen von den Zuschauertischen, damit man ihre Gesichter sehen konnte. Am Ende der Show dachte das Publikum, die zehn Minuten Stromausfall hätten zum geplanten

Programm gehört. Aus einem Missgeschick wurde Situationskomik, die beiden sehr viel Spaß gemacht hat.

Die Rolle des Lehrers ähnelt der eines Bühnenprofis. Auch Lehrer können durch eine humorvolle Grundhaltung in Missgeschicken viel aufwertende Komik entdecken, wenn sie sich darauf einlassen. Die ganz hohe Kunst der Humorkomik ist es, seine persönlichen Schwächen liebevoll auf den Arm zu nehmen. Besonders beeindruckt hat mich einmal ein Vortrag von Sabine Asgodom, Bestsellerautorin und erfolgreiche Trainerin mit korpulenter Figur. Sie wurde von einer Teilnehmerin gefragt: »Frau Asgodom, ich weiß nicht, wie ich meine Figur in den Griff bekommen soll. Ich brauche nur etwas zu Essen anschauen und werde schon dick!« Darauf die Antwort: »Das glaube ich Ihnen nicht. Wenn ich etwas zu Essen sehe, dann esse ich es auch!« Schallendes Gelächter bei den Zuhörern. In seiner vermeintlichen Schwäche sein größtes Potenzial zu entdecken, zeugt von wahrem Selbstbewusstsein. »Die schwierigste Turnübung ist immer noch, sich selbst auf den Arm zu nehmen«, lautet ein berühmtes Zitat des Kabarettisten Werner Finck.

Im Schulalltag bieten sich immer wieder Gelegenheiten, sich über sich selbst oder sein Handeln zu amüsieren. Bewusst zu sich selbst in Distanz zu treten und die Perspektive zu wechseln kann sehr erleichternd sein. Ich erlebe es als befreiend, wenn ich herzlich darüber lache, dass ich mich schon zum zweiten Mal versprochen habe oder grandios daran gescheitert bin, ein Pferd an die Tafel zu zeichnen.

Wem das zu schwer erscheint, dem bleibt immer noch die Möglichkeit, einem Missgeschick innerlich etwas humorvoller zu begegnen. Das können Sie im sechsten Kapitel trainieren, indem Sie den Humortipp »Über sich selbst lachen können« lesen. Dies wäre der erste Schritt auf dem Weg zum liebevollen Selbsthumor. Vor den Schülern auch mal eine Schwäche zuzugeben und bewusst als Humortechnik einzusetzen, ohne sich abzuwerten, ist der zweite Schritt. Schließlich freut es alle Schüler, wenn der Unterrichtsstoff dank Kaffeetasse nicht so trocken ist.

## Körperhumor

Erdkunde, sechste Klasse, alle schauen auf eine große Landkarte und wiederholen Städte- und Flüssenamen. Die Lehrerin, Frau Ott, versucht ein bisschen Stimmung in die monotone Abfrage zu bringen. Sie erhöht die eigene Sprechgeschwindigkeit, geht mit schnellen Schritten im Klassenzimmer umher, lacht, lobt, überlegt und schlägt sich schließlich, ohne es zu merken, mit ihren eingerollten Unterlagen auf den Kopf. Mehrmals. Sie bemerkt es, fängt an über sich zu lachen und schlägt sich noch einmal auf den Kopf. Die Stimmung hebt sich sichtlich. Diese Begebenheit liegt mehr als 20 Jahre zurück und ist dennoch im Gedächtnis geblieben. Das Bild der lachenden Frau Ott, die sich auf den Kopf schlägt, hat sich bei mir eingebrannt.

Bei der Technik des Körperhumors werden der Körper oder bestimmte Körperpartien eingesetzt, um durch ungewohnte Verhaltensweisen, ungewohnte Kleidung und

Ähnliches Humor zu vermitteln. Andreas Dickhäuser nennt als Beispiel die Sicherheitserziehung im Chemiesaal: »Ich eröffne die Unterrichtsstunde einfach dadurch, dass ich zunächst kein einziges Wort sage. Dann beginne ich langsam eine Schutzbrille auszupacken und betrachte sie von allen Seiten, bis keinem einzigen Schüler die Hässlichkeit des Objektes entgangen ist. Hier setzen in der Regel die ersten Lacher ein, die sich aber spätestens in dem Moment entwickeln, wenn ich ernsthafte Anstalten unternehme, die Brille auch tatsächlich aufzusetzen. Ist es dann ›vollbracht‹, habe ich noch keine Klasse erlebt, die nicht schallend über mein ungewohntes Aussehen gelacht hätte. Ich finde: Ein guter Start in das erste Jahr Chemieunterricht« (Dickhäuser 2002).

In unserer Familie verwendet mein Mann täglich die Technik des Körperhumors. Es vergeht kein Tag, an dem er nicht versucht, die ganze Familie durch seine Mimik und Komik zum Lachen zu bringen. Vieles davon ist Begabung und Talent, aber nicht alles. Das mühselige Vokalbellernen wird viel heiterer, wenn plötzlich das Lieblingskuscheltier auf seinem Kopf Platz nimmt. So gibt es viele kleine Beispiele, die sich auf die Schule übertragen lassen.

Während des eigenständigen Lernens ergeben sich täglich Eins-zu-eins-Situationen, in denen man ein Kind abfragt oder unterstützt. Angeregt durch das Beispiel meines Mannes habe ich mir auch schon ein von einem Schüler mitgebrachtes Kuscheltier auf den Kopf gesetzt. Kurzes Stutzen, Lächeln, Kichern in den anderen Ecken, und weiter ging es, aber mit deutlich mehr Lernerfolg und Geschwindigkeit.

Grundsätzlich lässt sich Körperhumor einfach trainieren und ausprobieren – in Mimik, Gestik, Übertreibung beim Vorlesen oder im Unterstreichen des Inhalts durch Pantomime bis dahin, dass man seine eigene Körpersprache bewusster wahrnimmt und plötzlich merkt, dass man sich auf den Kopf geschlagen hat. Es ist lange her, aber ich habe es nicht vergessen. Das meint auch Eckart von Hirschhausen, wenn er im Vorwort zu diesem Buch schreibt: »Ein kleiner Test – fragen Sie sich mal: Was wissen Sie noch von einem Vortrag, den Sie vor einem Jahr gehört haben? Was von einer Tagung oder einer Präsentation? Was von Ihrem liebsten Lehrer in der Grundschule? Was bleibt wirklich hängen? Richtig: wenig Fakten, aber viel Stimmung und Motivation.«

**Überblick: Humortechniken**

- Übertreiben: Belastungssituationen durch Übertreibung entschärfen
- Überraschen: die Schüler durch unerwartete Vergleiche überraschen
- Absichtlich kindlich sein: für kurze Momente die Schülerrolle einnehmen
- Schwäche zeigen: Missgeschicken humorvoll begegnen
- Körperhumor: Vermitteln von Humor durch ungewohnten Körpereinsatz

*Humortechniken lassen sich wie Fertigkeiten trainieren und ausbauen.*

# 3. Konflikten den Ernst nehmen

## Streitigkeiten der Schüler humorvoll entschärfen

Als unsere Töchter im Kleinkindtrotzalter waren, las ich in einer bekannten Elternzeitschrift den Rat: »Wenn Ihr Kind zu schreien und zu toben beginnt, lenken Sie es ab!« Ich tat wie geheißen und hatte damit großen Erfolg. Schlimme Trotzanfälle ließen sich durch radikale Ablenkung umschiffen. Je älter unsere Töchter wurden, desto erfreulich ruhiger wurden sie. Die Ablenkstrategie geriet in Vergessenheit. Mit Beginn der Pubertät nehmen die Konflikte wieder deutlich zu. Sie haben sich verändert: Unsere Große schmeißt sich nicht mehr wütend auf die Treppe, knallt dafür die Türen aber umso lauter. Die Ablenkstrategie kam mir wieder in den Sinn, doch ich verwarf sie. Ich dachte, dafür ist meine Tochter zu alt, das durchschaut sie. Während dieser Zeit las ich Literatur über Humor in Konfliktsituationen und darüber, dass Humor überrascht und ablenkt. Also doch wieder ablenken? Ein Versuch ist es wert, dachte ich.

Der Tag kam, da unsere Große mal wieder in Rage geriet und schrecklich sauer auf mich war. Ich verbiss mir einen moralischen Kommentar, dachte ans Ablenken und sagte stattdessen mit italienischem Akzent: »Och, weisse due, dass isse nichte fairrre von dir!« Ich hielt die Luft an und dachte: Jetzt springt sie mir an die Gurgel. Nichts geschah. Gar nichts. Sie war völlig verblüfft, schaute mich an und fing an zu grinsen.

So weit, so gut. Doch kann ich jetzt noch in Ruhe mit ihr reden? Wir konnten! Ihr Zorn war wie weggeblasen. Ich ließ mir meine Verblüffung über diesen einschlagenden Erfolg nicht anmerken und nutzte die Gunst der Humorstunde. Es fiel mir dabei auch leicht, mich auf ihre Bedürfnisse einzulassen, da unser Streit nicht eskaliert und mein eigener Stresspegel nicht in den roten Bereich gestiegen war. In der folgenden Zeit wendete ich die Ablenkung durch Humor immer wieder an, je nachdem, was sich anbot. Der Erfolg blieb wirklich nie aus. Wenn unsere Streitigkeiten eskalierten, lag es immer daran, dass ich zu gestresst war, um an die Humorablenkung zu denken. Schaffte ich es aber, meine gelassene Haltung zu bewahren, dann half uns beiden der Humor mehr als jedes gute Argument.

Die eigene Haltung ist entscheidend bei der Frage, wie belastend ich auch in der Schule die Streitigkeiten der Schülerinnen und Schüler untereinander empfinde. Wenn ich mich grundsätzlich darüber ärgere, dass die Kinder und Jugendlichen nicht gut erzogen sind, wird jeder erneute Vorfall dieses Grundärgernis bei mir bestätigen. Ich selbst ertappe mich immer wieder bei solchen hadernden Gedanken, die meine Arbeit jedoch nicht erleichtern, sondern erschweren. An der mangelnden Erziehung kann ich nichts verändern. An meiner Haltung zu Konflikten kann ich aber ansetzen. Konflikte und aggressive Kinder und Jugendliche gehören leider immer mehr zum Schulalltag. Ich kann mir selber helfen, indem ich grundsätzlich den Schülerinnen und Schülern mit der Haltung begegne, dass kein Mensch fehlerfrei ist. Je positiver ich mich selbst gegenüber Fehlern einstimme, desto weniger ärgere ich mich. Je humorvoller ich innerlich den Streit annehmen kann, desto mehr behalte ich einen inneren Abstand. Wie ich an meiner eigenen Tochter gemerkt habe, erzieht und begleitet es sich mit Humor leichter! Charmaine Liebertz schreibt in ihrem Buch, dass es entscheidend ist, aus Fehlern zu lernen – und das am besten mit liebevoller Nachsicht und einem humorvollen Augenzwinkern. Darüber hinaus sollte man bedenken, dass Kinder von Natur aus Meister des Frohsinns sind. Also kann nur eine humorvolle Erziehung der Schlüssel für den positiven Zugang zum Kind sein.

Die folgenden Beispiele aus der Schulpraxis zeigen, wie Streitigkeiten mit Hilfe humorvoller Techniken gelöst werden können.

## Konfliktgespräch mit meiner zweiten Klasse

Anlass war die Problematik, dass die Schüler zu Hause von Streitigkeiten im Schulhof erzählt haben. Unerwähnt blieben die schulischen Maßnahmen, welche die Lehrerinnen ergriffen hatten. Infolgedessen riefen Mütter aufgebracht und voller Sorge an, dass an unserer Schule Kinder gemobbt werden, ohne dass etwas von der Schule unternommen wird. Daraufhin führte ich ein Gespräch mit der Klasse, um die Problematik mit den Kindern zu besprechen.

Die Kinder fühlen sich ertappt, als ich sie frage: »Habt ihr denn auch zu Hause erzählt, wie Frau Schupp reagiert hat?« Betretene Blicke. »Wenn ihr erzählt, wer euch geschlagen hat, aber verschweigt, was die Lehrerin gemacht hat, DAAANNN managen das die Mamas! Und wenn die MAMAS erst loslegen, daaaannnnn…« Ich halte ein, da alle Kinder in ein großes Gelächter ausbrechen und sich gegenseitig bestätigen, wie intensiv Mamas etwas managen können. Ich nutze die humorvolle Stimmung und lege nach: »Ich möchte, dass ihr lernt, Konflikte selbst zu lösen. Oder wollt ihr, wenn ihr groß seid und vielleicht in einem Büro arbeitet, auch die Mama anrufen, wenn euch der Kollege geärgert hat?« Wieder lachen alle Kinder. Mit ernster und ruhiger Stimme ergänze ich: »Auch die Mamas freuen sich, wenn ihr Konflikte selbst löst. Oder wenn sie erfahren, wie ihr euch Hilfe geholt habt.«

## Konfliktsituation in einem Kinderheim

Ein Sonderpädagoge und heutiger Humortrainer namens John Morreall arbeitete in einem Kinderheim. Gleich nachdem er seine Arbeit in dem Heim aufgenommen hatte, bekam er einen Konflikt mit einem der Jungen. Der Junge hatte den Auftrag, sein Zimmer aufzuräumen, leistete dem aber nicht Folge. Es kam zu einem lauten Streit, bei dem Türen geknallt wurden. Anschließend hörte Morreall zufällig, wie die Jungs im Zimmer bei geschlossener Tür Kriegsrat hielten. Wortfetzen wie: »Lasst ihn uns mit Draht knebeln!« oder »Wir stellen ihm morgen eine Falle!« konnte er heraushören. Es jagte ihm Schauer über den Rücken.

Seine erste Idee war, ein Hausmeeting einzuberufen, die Jungs mit seinen Informationen zu konfrontieren und die Sache zu besprechen. Er entschied sich dagegen und startete stattdessen am nächsten Morgen einen indirekteren Versuch. Scheinbar unverfänglich fragte er beim morgendlichen Cornflakes-Frühstück: »Jungs, ich gehe heute früh zum Baumarkt. Da gibt es zurzeit ein Sonderangebot für Draht. Soll ich vielleicht jemandem was mitbringen?« Alle Jungen, die beim Frühstück dabei waren, hielten inne, erstarrten regelrecht und sahen ihn entgeistert an. Dann mussten sie laut losprusten. Morreall lachte laut und erleichtert mit. Anschließend konnten sie in entspannter Atmosphäre noch einmal über das Problem sprechen, über den misslungenen Neustart, die erforderliche Ordnung und Regeln, die miteinander vereinbart wurden (vgl. Ullmann 2008).

## No-blame-Sitzung mit einer Schulpsychologin

In meiner Klasse gab es über Wochen immer wieder Konflikte wegen eines Schülers. Die Situation verschärfte sich, da der betroffene Junge in Streitsituationen unverhältnismäßig stark ausrastete. Für seine Mitschüler war das spannend und bedrohlich zugleich. Sie provozierten ihn, und es kam immer wieder zu Ausrastern. Die Schulpsychologin wurde eingeschaltet. Nach einem klärenden Gespräch mit den Eltern und mir beschloss sie, ein No-blame-Programm mit den Kindern durchzuführen. Dabei wird ein Gruppengespräch mit den Schülern geführt, die mit dem betroffenen Jungen, in unserem Fall Ozancan, zu tun haben. Sei es als Opfer, als Täter oder als Freund. In diesem Fall waren die Grenzen fließend. Zu meinem Erstaunen fragte die Psychologin zu Beginn der Sitzung die Schüler als erstes nach ihren individuellen Stärken. Die Kinder tauten auf und erzählten bereitwillig, was sie gut konnten. Anschließend fragte die Psychologin: »Was glaubt ihr, wie ihr mit euren Stärken Ozancan helfen könnt, nicht so schnell auszurasten?« Ratlose Gesichter. Mit dieser Wendung hatten sie nicht gerechnet. Da meldet sich Lukas, der zuvor sein Talent beschrieben hatte, andere zum Lachen zu bringen. »Ich könnte ja, wenn Ozancan ausrasten will, also wenn ich das merke, dann könnte ich anfangen, Quatsch zu machen. Vielleicht hört er dann auf.« Begeistert ging die Psychologin auf den Vorschlag ein. Weitere Ideen wurden besprochen und schriftlich festgehalten.

Vier Wochen später sprach die Schulpsychologin mit den Kindern über den Erfolg ihrer Vereinbarungen, diesmal aber unter vier Augen. Es stellte sich heraus, dass die Ablenkstrategie durch Quatsch machen den meisten Erfolg hatte. Auch Ozancan bestätigte im Einzelgespräch, dass Lukas okay zu ihm war, ohne seine offensichtliche Humorstrategie zu durchschauen.

In allen drei Fallbeispielen wird deutlich, dass durch Humor eine zunächst angespannte und kritische Situation entschärft werden konnte. Natürlich ist Humor nicht die Lösung für alle Probleme. Doch wenn wir ehrlich sind, denken wir über Humor als Problemlösung viel zu selten nach. Humor als Ventil, um Aggressionen abzubauen, kommt den wenigsten Lehrern in den Sinn. Vielmehr wird diese große Ressource oft mit Missachtung gestraft. Eine Missachtung, die sie nicht verdient hat. Diese drei Beispiele können helfen, den Blick für Humor in solchen Situationen wieder zu schärfen. Wie kann ich durch Humortechniken ablenken, entzerren, entschärfen? Nur Mut, selbst bei Pubertierenden kann auf diese Weise das Türenschlagen verhindert werden. Denn es heißt ja nicht umsonst: Humor ist entwaffnend!

## Aggressive Schüler mit Humor überraschen

Manchmal habe ich das Gefühl, dass die Schule zum Kampfschauplatz mutiert. Schüler gegen Lehrer, Lehrer gegen Schüler und vor allem Schüler gegen Schüler. Die Aggressionsbereitschaft einzelner Schüler ist erschreckend, die Folgen sind es auch. Insofern ist es unvermeidbar, als Lehrer auf ausrastende Schüler zu treffen, die andere Mitschüler in ihrer Eskalation von Gewalt und Wut bedrohen. Solche Grenzsituationen sind sehr belastend. Oftmals stehen wir als Pädagogen hilflos der Gewalt gegenüber, oftmals wäre die Anwesenheit eines Therapeuten angemessen, ist aber nicht machbar. Humor kann entwaffnen. Aber kann er das auch in einer Situation, in der Wut und Aggression eskalieren?

Folgendes Beispiel habe ich selbst beobachten dürfen und daraus viel für mich gelernt. Ein Schüler, der für seine Gewaltausbrüche bekannt war, den ich zuvor in meiner Klasse mit ermahnenden Worten mal mehr, mal weniger erfolgreich beruhigen konnte, wechselte die Klassenstufe und bekam eine neue Klassenlehrerin. Ein paar Wochen nach Schulbeginn kamen die Kinder seiner Klasse nach einer großen Pause zum Lehrerzimmer gestürmt. Völlig panisch schrien sie: »Der Tom rastet aus! Er steht oben an der Treppe und hält einen Stuhl in der Hand, den will er auf uns schmeißen!« Die Kollegin beschreibt die anschließende Szene wie folgt:

»Ich laufe die Treppe vorsichtig nach oben, erblicke den Schüler, der über seinem Kopf den Stuhl hält und brüllt. Sein Gesicht ist verweint und zornesrot. Er ruft, sie sollen ihn alle in Ruhe lassen! Ich überlege kurz, wie ich reagiere, und rufe beim Hochgehen seinen Namen: ›Tom! Hey, sind die alle verrückt geworden? Hast du die gerade alle rennen sehen? Wow, die dachten echt, du wirfst den Stuhl. Mensch, denen hast du aber einen Schrecken eingejagt!‹

Tom wirkt erstaunt, schaut verdattert, und ich bemerke ein verlegenes, unsicheres Grinsen. ›Oh‹, denke ich, ›weiter auf die Tour‹. ›Hey Tom, wolltest du mal deine alte Lehrerin erschrecken? Na, das ist dir gelungen. Hab echt krass die Hosen voll gehabt. Nein, im Ernst, was ist denn eigentlich los hier?‹

Er schaut mich unsicher an und wirkt weniger aggressiv.

›Tom, stell den Stuhl mal ab, nicht dass du noch das Gleichgewicht verlierst und mir entgegenpurzelst. Was meinst du, wie das aussieht, wenn wir beide mit dem Stuhl wie zwei Kugeln die Treppe runterrollen. Und unten lachen uns alle aus, darauf habe ich keine Lust. Du etwa?‹

Er stellt den Stuhl ab, langsam kommen die anderen Schüler wieder hoch, laufen ängstlich an Tom vorbei in die Klasse. Ich klopfe Tom auf die Schulter und sage nochmal witzig: ›Schau dir die an, die sind ja völlig durch den Wind. Die hast du ordentlich erschreckt. Wolltest du das?‹

›Ja‹, sagt er, und es schießen ihm Tränen in die Augen. Jetzt sprudelt er los, erzählt, was passiert ist und weshalb er so wütend wurde. Ich bleibe mit ihm vor der offenen Klassentür stehen, bitte die anderen Mitschüler leise weiterzuarbeiten. Die Situation entspannt sich, wir gehen gemeinsam in die Klasse. Ich bitte Tom, sich trotz allem zu entschuldigen, und kläre ihn auf, was alles hätte passieren können. Er versteht und entschuldigt sich. Ich mache noch einmal einen Witz über die Situation und alle werden entspannter.«

Mich hat die Erzählung der Kollegin sehr beeindruckt. Mit Hilfe des Humors gelang es ihr, den Schüler zu erreichen. Sie erreichte ihn, indem sie ihn überraschte. Er hatte mit allem gerechnet, aber nicht mit humorvollem Verständnis. Denn neben dem Humor ging die Kollegin empathisch und verständnisvoll auf ihn ein. Sie erreichte ihn durch ihren wohlwollenden Humor.

Dass man mit Humor Konflikte entschärfen kann, zeigt ebenso das folgende Beispiel von Eva Ullmann, das sich zwar nicht auf den schulischen Kontext bezieht, aber dem gleichen Prinzip zugrunde liegt: Eine amerikanische Polizistin in Virginia wurde zu einem Ehestreit gerufen. Ein Nachbar hatte das laut schreiende und streitende Ehepaar gehört und die Polizei informiert. Als die Polizistin am Haus ankam, flog ein Fernseher aus dem Fenster. Die Polizistin nahm den Fernseher, klopfte an die Haustür und sagte mit lauter Stimme: »Reparaturservice, guten Tag!« Plötzliche Stille hinter der Tür. Anschließend öffnete einer der Eheleute verdutzt die Tür und ließ die Polizistin herein. Dank der Überraschung konnte der Streit deeskaliert werden.

In beiden Beispielen wird deutlich, dass die Technik des Überraschens, des aus-dem-Gleichgewicht-Bringens, die Grundlage bildet für ein Durchbrechen des Teufelskreises der Eskalation. Die humorvolle Grundhaltung ermöglicht Gelassenheit, die Situation kann entschärft werden und die sich selbst erfüllende Prophezeiung tritt nicht ein. Der Lehrer tut nicht das, was der Schüler oder die Schülerin erwartet. Er überrascht und wendet somit den weiteren Verlauf des Vorfalls in eine unerwartete Richtung. Idealerweise in eine fröhliche Richtung. Ein Meister und Erfinder dieser »Fröhlichen Pädagogik« war der Arzt und Pädagoge Janusz Korcak (1878-1942). Charmaine Liebertz beschreibt ihn und sein Wirken sehr eindrucksvoll. Die Schwierigkeiten im Erziehungsalltag eines Waisenhauses entschärfte er mit Humor. So entwickelte er ein Punktesystem für Schlägereien. Jedes Kind erhielt ein individuelles Punktekonto, das nicht überzogen werden durfte. »Du hast riesengroße Lust loszuschlagen, aber du schiebst es auf (denn du zählst ja mit und willst dein Konto nicht überziehen). Und diese nicht wahrgenommene Schlägerei legst du, verzeih den Vergleich, auf die Postsparkasse, du sparst sie dir zusammen wie ein Rentner- für spätere Zeiten. Du denkst: Es ist besser, sich einmal richtig zu schlagen als dreimal nur eben so. Du klimperst mit diesen gesparten Schlägereien wie mit Goldmünzen der Überlegenheit und Selbstbeherrschung« (Liebertz 2013, S. 117 f.).

Korcak beschreibt, wie in Konfliktsituationen mit Humor eine professionell notwendige Distanz zum Kind und zu sich selbst spielerisch hergestellt wird. Durch die humorvolle Verfremdung seiner Reaktion muss der Lehrer nicht direkt und impulsiv reagieren. Störungen können auf unerwartete Weise ausgetragen oder zumindest besser geklärt werden.

Hoch aggressiven Schülern und Schülerinnen begegnet man immer wieder. Vielleicht machen die genannten Beispiele Mut, der Kraft des Humors gerade in solchen Momenten zu vertrauen.

**Überblick: Streitigkeiten der Schülerinnen und Schüler humorvoll entschärfen und überraschen**

- Humor in Konfliktsituationen überrascht und lenkt ab.
- Aggressionen werden entschärft.
- Die Klärung von Konflikten wird weniger kraftraubend.
- Meine humorvolle Einstellung bei Streitigkeiten schützt und stärkt mich als Lehrer.

»*Wer lächelt statt zu toben ist immer der Stärkere.*« (Laotse)

# 4. Soziales Lernen mit Humor

Humor kann entwaffnen. Humor kann überraschen. Humor kann Aggressionen auffangen. Humor kann noch mehr. Humor kann die Entstehung von Konflikten verhindern oder zumindest reduzieren. Humor kann das soziale Lernen der Schüler untereinander positiv beeinflussen. An konkret vorgelebtem Humor können sich Kinder und Jugendliche orientieren. Nach Martin Seligman und seiner Idee der Positiven Psychologie ist Humor eine der Grundtugenden, um glücklich zu sein. Humor hat eine wesentliche Funktion, um seelisch gesund zu bleiben. Wie kann ein spielerisch-humorvoller Unterricht die Freude der Schüler auf das Lernen und den Unterricht erhöhen? Indem Humor mithilfe von Spielen den Umgang miteinander beeinflusst.

Wenn ich eine neue Klasse übernehme, kann ich nicht erwarten, 25 glückliche, humorvolle und ausgeglichene Schüler vor mir sitzen zu haben. Es liegt an mir als Lehrerin, ihre psychosozialen Kompetenzen zu trainieren und zu fördern. Am erfolgreichsten funktioniert das, wenn alle Spaß dabei haben und der Humor gemeinsam gelebt wird. Wie schon Karl Valentin so treffend sagte: »Wir können Kinder nicht erziehen, die machen uns eh alles nach.« Es liegt also an uns, das humorvolle und freundliche Miteinander vorzuleben. Viele Lehrer, ich eingeschlossen, sehen im ersten und im fünften Schuljahr die Notwendigkeit, die Schülerinnen und Schüler einer neu zusammengestellten Klasse einander durch Kennenlernspiele näherzubringen. Das beschränkt sich meist auf wenige Stunden zu Beginn des Schuljahres, bis die Schülernamen allen vertraut sind. In den folgenden Schuljahren wird darauf verzichtet, da sich die Kinder und Jugendlichen bereits kennen und zu einer Gruppe zusammengewachsen sind, die mehr oder weniger gut funktioniert. Es lohnt sich aber, zu Beginn eines jeden Schuljahres durch Kennenlernspiele die sozialen Kompetenzen der Schüler zu trainieren. Es kommen wieder Kinder miteinander ins Gespräch, die nicht befreundet sind und voneinander wenig wissen (»Frau Kaiser, ich wusste gar nicht, dass Ella auch Meerschweinchen hat wie ich«). Spiele wirken persönlichkeitsstärkend, weil sie psychosoziale Kompetenzen trainieren. Ferner können humorvolle Spiele dazu beitragen, Vorurteile abzubauen, Selbstvertrauen, Solidarität, Toleranz, Kommunikation und Kooperation zu fördern.

Beeindruckt hat mich die Erzählung eines Kollegen, der seine Klasse zu Beginn des Schuljahres eine Woche lang komplett frei spielen lässt: »Es wird gelacht und gescherzt, und danach habe ich ein Jahr lang keine Sozialprobleme.« Man beachte dabei: Der Kollege ist Gymnasiallehrer! Trotz der Kommentare seitens der Eltern hielt er am freien Spielen in seiner Klasse fest. Sein Mut wurde belohnt, und auch die scheinbar verlorene Zeit gewann er im Nachhinein durch weniger Streitigkeiten zurück.

Auch Remo Largo schreibt über die Bedeutung von sozialem Lernen in der Schule. Je älter die Schüler werden, desto mehr werden sie durch das außerfamiliäre Umfeld und die Schule sozialisiert. Immerhin verbringen sie während der schulpflichtigen Zeit 8 000 bis 10 000 Stunden in der Schule. Hier werden die Kinder zwangsläufig sozial geprägt, die Frage ist lediglich: Wie? Jeder Erwachsene weiß, wie sehr ihn die Schulzeit beeinflusst hat, wie sehr es ihn geprägt hat, wie die Lehrer mit ihm umgegangen sind. Anstatt uns immer mehr Gedanken über disziplinarische Maßnahmen zu machen, ist es effektiver, uns zu überlegen, wie wir die Schüler zu dem erwünschten Verhalten erziehen können. Was haben wir für einen Umgang miteinander, welche Wertevorstellungen wollen wir den Kindern weitergeben? Wenn ich nur darauf hoffe, dass nichts schiefgeht, keine Konflikte entstehen, kein Streit gelöst werden muss und ich nur meinen Stoff unterrichten kann, dann lande ich früher oder später in einer Sackgasse der Frustration. Stattdessen kann man durch effektiv geplante Stunden zum sozialen Lernen Zeit gewinnen. Die scheinbar verlorene Zeit wird wieder reingeholt durch weniger Konflikte, weniger Elterngespräche und weniger Streitschlichtungsprogramme. Die Lernmotivation der Schüler steigt und der Stress für den Lehrer sinkt.

Wir wünschen uns alle, dass aus unseren Schülern glückliche Erwachsene werden, die Verantwortung übernehmen und selbstständig handeln. Die Qualitäten und Fertigkeiten, die sie dafür benötigen, müssen sie erst erwerben. Die Spiele unterstützen die Kinder und Jugendlichen darin, die positiven Seiten des Lebens zu sehen, ihre eigenen Stärken wahrzunehmen, auf soziale Beziehungen zu achten und sich am Erfolg zu freuen. Anstatt sich mit belastenden Themen wie Streitschlichtung auseinanderzusetzen, können sie durch humorvolle Spiele positive Inhalte fokussieren. Spielen tut der Seele gut – der Seele aller, auch der des Lehrers. Ohne es zu thematisieren, geben soziale Spiele effektive Möglichkeiten an die Hand, um mit Problemen konstruktiv umzugehen. Der Zauberschlüssel heißt: positive Beziehungsarbeit und der Umgang des Schülers mit sich selbst.

Im Idealfall entsteht aus den Spielstunden zu Beginn des Schuljahres eine von den Schülern positiv geprägte Klassenatmosphäre, die lange anhält – so wie bei dem Kollegen im Gymnasium.

**Überblick: Soziales Lernen mit Humor**

- Kinder und Jugendliche verbringen im Schnitt 8 000 bis 10 000 Stunden in der Schule.
- Die Schule sozialisiert und prägt das Beziehungsverhalten.
- Humorvolles soziales Lernen hilft, mit Konflikten besser umzugehen.

»*Kindererziehung ist ein Beruf, wo man Zeit zu verlieren verstehen muss, um Zeit zu gewinnen.*« (Jean-Jacques Rousseau)

# 5. Lachen, lächeln, locker bleiben – Humor gegenüber Eltern

## Elterngespräche mit Humor entschärfen

»Du, neulich hatte ich ein Elterngespräch, das glaubst du nicht! Der Junge durfte bei unserer Klassenfahrt nicht mitfahren, was die Mutter damals überhaupt nicht einsehen wollte. In dem Gespräch gestern sollte geklärt werden, wie nach der Klassenfahrt das letzte Schuljahr nun für ihn aussehen kann, wie es jetzt weitergeht. Mit dabei war eine Mitarbeiterin vom Hort, den der Junge nachmittags besucht. Direkt nach der Begrüßung fängt doch die Mitarbeiterin an, ergreift das Wort und sagt zu der Mutter: ›Ja, Frau Peters, die Enttäuschung, dass Ihr Sohn nicht mitfahren durfte zu der Klassenfahrt, sitzt immer noch tief. Das ist auch in Ordnung so. Das dürfen Sie jetzt auch so fühlen. Und auch die empfundene Ungerechtigkeit ist in Ordnung. Das war schlimm für Sie. Sie hatten das Gefühl, Ihr Sohn bekommt keine Chance.‹ Fertig. Nichts mehr. Du, ich war so perplex, ich war so geschockt über diesen unverschämten Gesprächsanfang, ich konnte gar nichts sagen. Nichts! Dabei hätte ich gerne einmal gesagt, was für eine Belastung der Junge für mich ist und wie viel Kraft und Zeit und Energie ich schon in ihn hineingesteckt habe. Und wie viele 100 Chancen er im Laufe der letzten drei Schuljahre immer wieder bekommen hat!«

Alle von uns kennen diese Situationen, in denen wir zu perplex oder zu geschockt sind, um in der passenden rhetorischen Gangart auf einen verbalen Angriff zu reagieren. Jeder Lehrer wünscht sich, die Leere im Kopf zu überwinden, blitzschnell und souverän zu kontern und provokative Angriffe elegant und am besten noch humorvoll abzuwehren. Dazu möchten wir noch Selbstbewusstsein durch unsere Körpersprache, Mimik und Gestik ausstrahlen. Das Problem ist nur: Die guten Antworten fallen einem meist erst hinterher ein. Im entscheidenden Moment sind wir zu überwältigt und fühlen uns überrollt.

Schwierige Elterngespräche lösungsorientiert und erfolgreich zu führen ist eine echte Herausforderung. Es gibt immer wieder Eltern, die auf Konfrontationskurs gehen, verbal ausfällig werden und jede Einigung blockieren. Als Lehrer fühlt man sich angegriffen und schießt auf die gleiche Art und Weise zurück. Dabei müssten Eltern und Lehrer eigentlich eng zusammenarbeiten, denn sie haben dasselbe Ziel vor Augen: das Wohl des Kindes und seine bestmögliche Förderung. Stattdessen geht dieses Ziel oft verloren, es wird von Diskussionen über Noten, Zeugnisse und vieles andere verdrängt.

Wenn man keine Chance hat, sich auf ein Gespräch vorzubereiten, und quasi aus dem Hinterhalt angegriffen wird, dann ist es in Ordnung, sich zu wehren. Oftmals ist Schweigen und nicht Reagieren die beste Form, sich zu verteidigen. Man muss als Lehrer nicht auf alles sofort reagieren, und meistens genügt es, stillschweigend zuzuhören und anschließend zu fragen: »Und was wünschen Sie sich jetzt?« Diese konkrete Handlungsfrage überrascht Eltern häufig und bewirkt, dass sie aus der Schimpfrolle herausgehen und sich stattdessen auf die Handlungsebene begeben.

Darüber hinaus hat sich nach meiner Erfahrung die Kommunikationstechnik des aktiven Zuhörens, entwickelt von Carl Rogers, sehr bewährt. Sie ist einfach, beruht auf drei Stufen, und die entscheidenden Fragetechniken fallen einem auch in noch so stressigen Momenten stets ein:

- Erste Stufe: aufmerksames Zuhören durch Laute wie »mhm«, »ja«, »ah« (»soziales Grunzen«)
- Zweite Stufe: das Gehörte durch spiegelnde Fragen zusammenfassen (»Habe ich Sie richtig verstanden? Sie sind der Meinung, dass Ihr Sohn bei mir keine Chance erhält?«). Diese Stufe bewirkt oft eine kurze Pause und löst Spannungen, da die Eltern innehalten und überlegen, ob sie das wirklich so meinen.
- Dritte Stufe (die Königsstufe): Gefühle widerspiegeln und Wünsche heraushören (»Sie sind enttäuscht von der Schule. Sie wünschen sich mehr Verständnis für Ihre Situation.«)

Die Technik des aktiven Zuhörens bewirkt in meinen Elterngesprächen immer eine Deeskalation der Gesprächssituation. Meistens genügt schon die Stufe 2 (»Habe ich Sie richtig verstanden, Sie …«), um die Spannung aus dem Gespräch zu nehmen. Die Eltern fühlen sich gehört und verstanden. Plötzlich sind sie zu Kooperation und Zugeständnissen bereit, was vorher undenkbar war. Dank der Deeskalation ist in vielen Gesprächen ein Lächeln oder sogar ein gemeinsames Lachen wieder möglich.

Grundsätzlich gilt: Ein Elterngespräch ist dann effektiv und erfolgreich, wenn ich es gut vorbereiten kann. Die Sozialpädagogin Nicole Wache sagt, je besser ich inhaltlich vorbereitet bin, desto schlagfertiger und humorvoller kann ich reagieren. Das beginnt bereits bei der zeitlichen Vorgabe. Ich musste es selbst leidvoll erfahren, dass Gespräche mit Eltern ohne konkrete Zielvorgabe und Beschränkung der Gesprächsdauer ineffektiv und anstrengend werden. In der Regel ist nach 20 Minuten alles gesagt und die Themen drehen sich im Kreis. Mit der entsprechenden Zeitvorgabe an die Eltern (»Wir haben jetzt 20 Minuten und ich denke, wir kriegen das hin«) wird ein Rahmen gegeben, der allen Beteiligten guttut. Das ist nur möglich, wenn ich mich durch meine Gesprächsvorbereitung auf ein konkretes Ziel vorbereitet habe oder aber durch das Anliegen der Eltern ein Ziel im Raum steht. Ohne Angabe eines Gesprächsgrunds sollte deshalb kein Gespräch geführt werden, da es sonst nicht entsprechend vorbereitet werden kann. Ergeben sich im Laufe des Gesprächs neue Themenfelder, kann man einen neuen Termin anbieten: »Ich sehe, unsere Zeit reicht nicht. Was machen wir? Sollen wir einen neuen Termin vereinbaren?«

Für die Gesprächsvorbereitung ist ein weiterer entscheidender Faktor meine innere Haltung gegenüber dem Gesprächspartner, den Eltern. Will ich es ihnen zeigen? Was denke ich über diese Eltern? Kann ich ihre Werte, ihre Probleme anerkennen oder will ich eigentlich nur beweisen, wer am längeren Hebel sitzt? Will ich aus dem Gespräch als Sieger hervorgehen? Will ich ihnen nur zeigen, dass sie ihren Erziehungsauftrag gnadenlos an die Schule abdrücken?

Bei einer Gesprächsvorbereitung kann ich mir über solche Gedankenmuster bewusst werden. Ich kann mich selbst fragen, an welchem Punkt ich den Eltern auch Wertschätzung und Verständnis entgegenbringen kann. Zumindest sollte es möglich sein, an dem Tag einen freundlichen Platz für das Gespräch einzurichten und so für eine angenehme Gesprächsatmosphäre zu sorgen. Die Eltern dann mit einem Lächeln zu begrüßen wirkt respektvoll und erhöht die Chance für einen kurzen humorvollen Small Talk als Gesprächsbeginn.

Tatsächlich kann ich außer dem Gesprächsinhalt und den Rahmenvorgaben auch den Humor in meiner Vorbereitung einplanen. Michael Titze, der Gründungsvorsitzende von HumorCare Deutschland und Pionier des therapeutischen Humors, hat in seinem Buch »Die Humorstrategie – Auf verblüffende Art Konflikte lösen« gemeinsam mit Inge Patsch verschiedene Humortechniken vorgestellt, wie man bei einem verbalen Angriff humorvoll reagieren kann. Unter anderen beschreibt er die Technik des Humorjudos, die ich kurz vorstellen möchte, da sie meiner Meinung nach auf Elterngespräche in der Schule übertragbar ist.

## Die Judomethode

Das Vorbild dieser Kommunikationsform ist die fernöstliche Kampfsportart Judo. Judo bedeutet wörtlich »sanfter Weg«. Titze beschreibt das Humorjudo als von Paul Watzlawick entwickelte Kommunikationsmethode: Beim Judo wird bekanntlich nicht drauflosgeboxt, sondern man versucht, den Angriff des Gegners geschickt zu seinem Vorteil zu nutzen. Das Prinzip ist: Siegen durch nachgeben. Die Zielrichtung des Angriffs wird dabei bestätigt und verstärkt, der eigentliche Gegner wird zum Verbündeten. Seine Angriffsenergie wird für eigene Zwecke genutzt.

Übertragen auf das Gesprächsverhalten bedeutet das: Die Argumente des Gegners werden in übertriebener Weise inhaltlich akzeptiert. Das überrascht den Angreifer und bringt ihn in eine Situation, in der er nicht widersprechen kann. Sonst müsste er sich selbst widersprechen.

Folgende Beispiele nennt Titze (Titze/Patsch 2014) zur Verdeutlichung:

- »Bei Ihnen war ja gestern der Teufel los!« – »Nicht nur einer – eine ganze Armee!«
- »Könnte es sein, dass Sie ein bisschen stark dem Alkohol zusprechen?« – »Sie haben Recht! Außerdem konsumiere ich regelmäßig Heroin und Kokain und inhaliere petrochemische Gase. Das stimuliert die animalischen Abgründe meiner Sinnlichkeit.«

Das Prinzip ist jeweils das Gleiche: Der Angreifer bringt seine Vorwürfe vor, der Angegriffene stimmt begeistert zu und offenbart noch eine weitere Schwäche. Er bekennt sich zu seinen Schwächen und übt sich in demütigem Selbsthumor. Entscheidend ist die Formulierung: **Si**e **h**aben **R**echt. Auch bekannt als **SIHR**-Technik.

Wie lässt sich diese Judomethode auf Elterngespräche in der Schule übertragen? Ist Humorjudo tatsächlich schon in der Gesprächsvorbereitung planbar? Ich möchte diese Humortechnik an konkreten Beispielsituationen veranschaulichen. Dabei versuche ich, möglichst typische Elternvorwürfe oder Gesprächsanlässe zu verwenden.

*Erster Elternvorwurf: In der Schule wird durch das Schreiben in Kladden oder Notizblöcken zu wenig auf Rechtschreibung und Heftführung geachtet*

Mutter: »Also, mein Kind kann ja hier schreiben, wie es will. In dieser Kladde wird überhaupt nicht auf Schrift oder Heftführung geachtet! Wie soll es dann in der weiterführenden Schule zurechtkommen?«

Lehrerin: »Sie haben Recht. Ach, Sie glauben ja gar nicht, was ich da alles für Stilblüten sehe. Ein kreatives Chaos, von Heftführung keine Spur!«

Im weiteren Gesprächsverlauf: »Das brauchen sie zum Glück in der Kladde nicht. Das erwarte ich nicht. Hier erwarte ich Ideen und Kreativität, das Achten auf Form und Schrift würde dem kreativen Prozess im Wege stehen. Rechtschreibung und Heftführung erwarte ich auch, aber im Lernwörterheft, nicht in der Kladde.«

*Zweiter Elternvorwurf: Ein Vater ist mit der mündlichen Note seines Sohnes in Deutsch nicht einverstanden*
Vater: »Also, mein Sohn hat mir erzählt, dass er in Deutsch mündlich eine Fünf bekommt. Dabei meldet er sich, wird aber nur nie drangenommen. Ich erlebe ihn zu Hause ganz anders und kenne meinen Sohn. Mit der Note sind wir so nicht einverstanden!«

Lehrer: »Ja, das kann ich verstehen. Sie haben Recht, wenn Sie damit nicht zufrieden sind. Wenn man den Jason beim Fußball mit seinen Kumpels wortgewandt quatschen hört oder sieht, wie er mit dem Schiedsrichter diskutiert, da kann man sich nicht vorstellen, dass er im Deutschunterricht auf einmal verstummt. Da kann ich Sie verstehen.«

Im weiteren Gesprächsverlauf: »Beim Fußball ist er begeistert, motiviert und interessiert. Was können wir machen, um ihn für Deutsch mehr zu begeistern, um seine Leidenschaft zu wecken?«

*Dritter Elternvorwurf: Die Eltern eines gewalttätigen Schülers sind nicht damit einverstanden, dass er von der Klassenfahrt ausgeschlossen wird*
Eltern: »Das ist eine völlig übertriebene Maßnahme. Sie haben etwas gegen unser Kind! Andere werden nicht bestraft, dabei haben sie ihn provoziert und kommen ungeschoren davon.«

Lehrerin: »Sie haben Recht. Aus Ihrer Sicht muss es so aussehen, als ob wir uns als Schule unfair verhalten. Marvin kann sehr überzeugend und leidenschaftlich sein, wenn er sagt, die anderen hätten ihn gereizt, geärgert, provoziert. Und schließlich haben sie ihn quasi gezwungen zuzuschlagen!«

Im weiteren Gesprächsverlauf: »Die Frage ist: Wo hätte Marvin anders handeln können? Wie können wir ihn gemeinsam unterstützen, beim nächsten Mal anders zu handeln? Wie kann die Strafmaßnahme helfen, sein Verhalten künftig zu ändern?«

Alle drei Beispiele haben gemeinsame Prinzipien. In allen Beispielen zeugt die Antwort des Lehrers von Empathie und Verständnis. Die Aussage: »Sie haben Recht« überrascht und kommt für die vorwurfsvollen und wütenden Eltern unerwartet. Diese Taktik kann dem Gegenüber seine Aggressivität nehmen, sie entschärfen. Doch Humorjudo geht noch über die Stufe der Empathie hinaus. Nachdem das Verständnis des Lehrers die Eltern innerlich geöffnet hat, versucht er, dem Problem mit der Technik der Übertreibung seine Schwere zu nehmen (»Sie glauben ja nicht, was ich da für Stilblüten sehe«). Im Idealfall beginnt das Gegenüber zu lächeln und gibt seine ursprüngliche Abwehrhaltung auf. Im Idealfall. Während ich das schreibe, spüre ich Ihre Skepsis förmlich durch die Buchseiten hindurch.

Dazu folgender Mutmacher: Wenn ich die Chance habe, mich auf ein Gespräch vorzubereiten, dann kann ich den Humor mit Hilfe des Humorjudos gezielt planen. Dabei hilft die Kernfrage: In welchem Punkt kann ich die Eltern verstehen? Wie kann ich dieses Verstehen leicht humorvoll übertreiben? Kann ich dabei möglicherweise eine Stärke des Schülers herausstellen und diese noch überzeichnen (»Wenn man hört, wie wortgewandt Jason beim Fußball ist…«). Grundlage des Humorjudos ist meine eigene wohlwollende Haltung gegenüber dem Schüler und den Eltern. Wenn mir das nicht möglich ist, sollte diese Technik nicht zum Einsatz kommen. Sonst steht man in der Gefahr, zynisch und verletzend zu werden.

Humor in der Vorbereitung einzuplanen erscheint zunächst abwegig, aber bei genauem Hinsehen eröffnen sich Deeskalationsmöglichkeiten, die einem spontan aufgrund mangelnder Schlagfertigkeit nicht eingefallen wären. Die Vorüberlegung, welche Stärken der Schüler hat, hilft mir, mich dem Kind gegenüber zu öffnen. Eine Prise Übertreibung dazu, und schon ist ein Lächeln auf die Gesichter meiner Gesprächspartner gezaubert. Lächerlich? Unnötig? Übertriebener Arbeitsaufwand? Meine Erfahrung zeigt mir immer wieder das Gegenteil. Und wenn ich auch Sie überzeugen könnte, wäre ich überglücklich.

**Überblick: Elterngespräche mit Humor entschärfen**

- Je besser ein Elterngespräch vorbereitet ist, desto erfolgreicher und schlagfertiger kann ich es führen.
- Ohne Angabe eines Gesprächsgrundes sollte kein Gespräch geführt werden.
- In der Vorbereitung kann Humor gezielt mit eingeplant werden.
- Beim Humorjudo wird ein verbaler Angriff bestätigt und durch Übertreibung verstärkt.
- Grundlage ist eine wohlwollende Haltung des Lehrers gegenüber Eltern und Schülern.

»*Viele Kinder haben schwer erziehbare Eltern.*« (Jean-Jacques Rousseau)

## Elternabende humorvoll gestalten

Auf der Kabarettbühne sorgt das Stichwort Elternabend regelmäßig für viele Lacher: »Wissen Sie, was die am meisten verschwendete Lebenszeit überhaupt ist? Elternabende in der Grundschule! Du hockst auf diesen Stühlchen, du kannst nix hören, weil die Knie die Ohren zuhalten. Es ist der ergonomische Supergau! Deine Beine schlafen sofort ein. Aber spätestens nach fünf Minuten beneidest du deine Beine. Alle sitzen auf diesen Ministühlen, nur die Lehrerin hat einen großen Stuhl oder besser Thron! Und du fühlst dich gleich wieder so… Hab nur darauf gewartet, dass sie ungefragt zu mir rüberkommt und mir die Nase putzt. Hab mich auch ganz automatisch gemeldet, als ich mal musste.«

Liebe Leserinnen und Leser, es sei Ihnen versichert, dass dieser kurze Comedy-Auszug aus dem Programm meines Mannes zum Thema Elternabend auf jeder Veranstaltung für viel Gelächter sorgt. Bei anderen Themen und Gags kann das Feedback im Publikum schwanken. Die Elternabendpassage schwankt nicht – alle lachen. Warum? Trifft sie ins Schwarze der geplagten Elternseele? Offenbar herrscht in Deutschlands Schulen an der Elternabendfront ein echter Notstand. Als Mutter zweier Töchter habe ich die Elternabende in den vergangenen Jahren von der anderen Seite erlebt. Was soll ich sagen? Bis auf wenige Ausnahmen bestätigte sich leider der Eindruck des Elternabendnotstands.

Ich musste selbst durch eine harte Schule, als ich meinem Mann erstmals die Vorbereitung des Elternabends präsentierte. Dank ihm wurde mir sehr schnell klar, dass ein Elternabend vergleichbar ist mit einer Bühnenshow oder einer öffentlichen Präsentation. Entsprechend wichtig ist nicht nur der Inhalt, sondern fast noch wichtiger ist meine persönliche Art, den Inhalt zu präsentieren. Aus seinen Coachings für Lehrer wusste ich, dass Humor Aufmerksamkeit erzeugt. Wenn es mir wichtig ist, die Eltern zu erreichen, ihre Aufmerksamkeit zu gewinnen, ist Humor eine Strategie, die mich zum gewünschten Erfolg führt. Eva Ullmann beschreibt eindrücklich, wie schnell Zuhörer mit ihren Gedanken abschweifen, wenn sie sagt, dass Menschen etwa 50 000 Gedanken pro Tag denken. In dieser Summe ist eine ganze Menge Nebensächliches dabei. Sobald man die Aufmerksamkeit seiner Zuhörer verliert, wandern deren Gedanken automatisch zum geplanten Wochenendeinkauf oder zum Tattoo auf dem Nacken ihres Sitznachbarn. Das gilt es zu verhindern. Humor ist eine sehr erfolgreiche Methode, um Elternabende zu emotionalisieren und damit die Aufmerksamkeit der Eltern zu erreichen. Mit Humor kann ich mein Auftreten und mein Erscheinungsbild positiv beeinflussen. Voraussetzung ist: Ich möchte den Elternabend nicht nur hinter mich bringen. Ich möchte den Abend nutzen, um meine Methodik, meine Arbeit mit den Schülern, meine Ziele in der Arbeit mit den Kindern und Jugendlichen zu veranschaulichen. Ich möchte überzeugen und begeistern. Mein Wunsch ist, durch kompetentes und freundliches Auftreten die Grundlage für eine vertrauensvolle Zusammenarbeit mit den Eltern zu legen.

Humorvolle Menschen wirken kompetent und selbstbewusst. Ob ich eine Lehrerin als humorvoll und kompetent erlebe, entscheidet sich beim ersten Elternabend nicht erst in 20 bis 30 Minuten. Albrecht Kresse und Eva Ullmann bringen es in ihrem Buch »Humor im Business« klar auf den Punkt, wenn sie sagen, für den ersten Eindruck gibt es keine zweite Chance. In den ersten Sekunden bilden sich die Zuhörer eine Meinung. Wissenschaftler der Universität Columbia haben drei Faktoren entdeckt, die beim ersten Kontakt eine entscheidende Rolle spielen: Körpersprache, Stimme und Wortaussage bzw. Inhalt. Die jeweiligen Anteile bei der Entscheidung, ob mir jemand sympathisch oder unsympathisch ist, belaufen sich auf 55 Prozent Körpersprache, 38 Prozent Tonfall und nur 7 Prozent Wortaussage. Für einen Elternabend bedeutet das: Zu Beginn steht nicht der Inhalt im Vordergrund, sondern meine eigene Person und wie ich auf die Eltern wirke. Daher lohnt es sich, einen humorvollen Einstieg in den Abend zu planen. Dadurch erreiche ich Aufmerksamkeit und eine gelöste wohlwollende Stimmung, von der alle den ganzen Abend über profitieren.

In Zusammenarbeit mit Kolleginnen habe ich über die Jahre unterschiedliche humorvolle Einstiege entwickelt, die sich ohne großen Aufwand leicht verwirklichen lassen. Im Anhang finden sich konkrete Einstiegsideen, hier nur ein paar Appetitanreger:

Der erste gemeinsame Elternabend, die Lehrerin bittet die Eltern, sich nach folgenden Fragen im Raum zu verteilen:

a) Wer von Ihnen ist hier im Ort selbst zur Schule gegangen? Der stellt sich hinten in den Raum, die anderen vorne an die Tafel.
b) Wie viele Kinder haben Sie? Ein Kind, stellt sich an die Tafel, zwei Kinder in die Mitte des Raumes, drei Kinder oder mehr hinten in den Raum.
c) Wer von Ihnen hat die eigene Grundschulzeit in guter, mittel oder schlechter Erinnerung? Wer sie in guter Erinnerung hat, stellt sich an die Tafel, in schlechter Erinnerung nach hinten und irgendwo dazwischen in die Mitte.
d) Wer von Ihnen hat die eigene Schulzeit in der weiterführenden Schule in guter, mittel oder schlechter Erinnerung? Bitte verteilen Sie sich ebenso wie vorhin.

Ich geselle mich bei der Verteilung dazu und erlebe jedes Mal, wie schnell die Eltern miteinander lachen, sich austauschen und hinterher völlig gelöst auf ihre Plätze zurückkehren. Das Stichwort »Eigene Schulerfahrungen« kann danach aufgegriffen werden, denn die eigenen Erfahrungen wirken sich auf die gemeinsame Zusammenarbeit und die Einstellung der eigenen Kinder aus.

Weitere Ideen für den Einstieg in Elternabende sind im Anhang beschrieben und können als Kopiervorlagen verwendet werden.

Im Kapitel »Humorvoll unterrichten« bin ich auf das persönliche Erzählen eingegangen. Sie erinnern sich? Geschichten sind gefüllt mit Emotionen, und Emotionen sind der Schlüssel zu Verständnis und Gedächtnis. Was für den Unterricht gilt, gilt im gleichen Maß für den Elternabend. Persönliche Geschichten machen ihn spannend und unterhaltsam. Neben einem humorvollen Einstieg können wohldosierte Anekdoten im Verlauf des Abends für Kurzweile und Unterhaltung sorgen. Wenn Sie selbst Kinder haben, fällt Ihnen sicherlich eine Fülle von Geschichten ein, die Sie mit Ihren Sprösslingen erlebt haben. Andernfalls bedienen Sie sich aus den Erlebnissen mit den Klassen und Kindern der Eltern, die vor Ihnen sitzen. Bei diesen Geschichten sind Eltern besonders lachfreudige Zuhörer.

Zugunsten des persönlichen Erzählens fallen möglicherweise andere Inhalte kürzer aus, was den ein oder anderen verunsichern kann. Hierzu folgende selbst erlebte Begebenheit: Beliebtes Thema auf Elternabenden ist die Rechtschreibfähigkeit der Kinder. Um den Eltern die Sorgen zu nehmen, bereitete ich diesen Punkt immer besonders detailliert vor. Dennoch war eine Beruhigung seitens der Eltern nur begrenzt spürbar. Im Folgejahr verzichtete ich auf einen Teil der wissenschaftlichen Veranschaulichung und erzählte stattdessen folgende Anekdote, die ich selbst ein paar Wochen zuvor auf dem Elternabend der fünften Klasse meiner Tochter erlebt hatte. Eine Mutter meldete sich an dem Abend mit folgender Kritik zu Wort: »Also, wisse Se, die häwwe in der Grundschul vun meiner Tochtär gesacht, die Kinner dürfe so schreibe, wie se wolle. Und jetzt häwwe mer de Salat, nu schreibt se, wie se will, und alles is falsch!« Diese kleine Anekdote gepaart mit etwas hessischem Dialekt sorgte bei den Eltern für viel Gelächter. Gleichzeitig entsprach die Sorge der Mutter ihren eigenen Sorgen, die ich im Anschluss mit wenigen wissenschaftlichen Fakten entschärfen konnte. An dem Abend hatte ich einige weitere Geschichten vorbereitet und auf gut ein Drittel Inhalt verzichtet. Am Ende des sehr unterhaltsamen Abends kam eine Mutter auf mich zu und sagte nicht etwa, das war aber ein lustiger Abend. Stattdessen hörte ich zu meiner Verblüffung die Worte: »Frau Kaiser, das war ein äußerst informativer Elternabend!« Na bitte, etwas weniger Inhalt, mehr Lachen, und schon war der Elternabend im besten Sinne merkwürdig und hoffentlich nicht mehr die am meisten verschwendete Lebenszeit überhaupt!

**Überblick: Elternabende humorvoll gestalten**

- Humor erzeugt Aufmerksamkeit.
- Mindestens so wichtig wie der Inhalt ist die persönliche Art, ihn zu präsentieren.
- Humorvolle Einstiege lockern die Stimmung und bewirken einen positiven ersten Eindruck.
- Persönliche Geschichten des Lehrers wecken die emotionale Aufmerksamkeit der Eltern.

»*Man soll nie vergessen, dass die Gesellschaft lieber unterhalten als unterrichtet sein will.*« (Adolph Freiherr von Knigge)

# 6. Keine Angst vorm Scheitern

Erinnern Sie sich an die Gymnasialkollegin, die mir im Gespräch sagte: Humor ist nicht unser Bildungsauftrag? Erst nachdem ich von ein paar beeindruckenden Studien erzählte hatte, gewann ich ihr ernsthaftes Interesse. Gleichzeitig schilderte sie mir einen gescheiterten Humorversuch in einer achten Klasse, Mathematik. Das Thema war Ausmultiplizieren von Klammern. Meine Kollegin sagte: »Ich wollte der Klasse verdeutlichen, dass jede Zahl mit jeder multipliziert wird. Dachte, ich mach einen lustigen Witz, indem ich sage, ist wie im Swingerclub – jeder mit jedem. Stille. Kam nicht so an. Im Gegenteil, ich handelte mir noch ein Elterngespräch ein, in dem es hieß, dass die Tochter verstört gewesen sei wegen meiner Witze. Jede einzelne Situation des vergangenen Schuljahrs, bei der ich mich mit meinem Humor vergriffen hätte, wurde mit Datum vorgelesen! Ich sag dir, Humor mach ich so schnell nicht wieder!«

In Sachen Humor gelten zwei wichtige Grundsätze:

- die eigene innere Haltung
- sich entschuldigen können

Warum ist der nett gemeinte Humorversuch der Kollegin schiefgegangen? Es lag an ihrer eigenen inneren Haltung gegenüber der Schülergruppe. Bei Humor ist es entscheidend, seine Zielgruppe wohlwollend vor Augen zu haben. Beim Thema Swingerclub und generell mit sexistischen Witzen begibt man sich bei Pubertierenden auf sehr dünnes Eis. In dieser Entwicklungsphase ist vieles plötzlich peinlich und verunsichernd, da sie sich in ihrer eigenen Sexualität noch nicht gefunden haben. Es fehlte also der wohlwollende Blick der Kollegin auf ihre Zielgruppe und deren Bedürfnisse und Befindlichkeiten.

Dennoch ist die Reaktion falsch, in Zukunft auf Humor im Unterricht zu verzichten. Sie missachtet den zweiten Grundsatz in Sachen Humor: sich entschuldigen können. Wenn ein Gag schiefgeht, wenn man damit einen Fauxpas begangen hat, gilt die Maxime, sich zu entschuldigen und es erneut zu probieren. In einer seiner Comedy-Vorstellungen provozierte mein Mann einen Zuschauer mit folgenden Worten zum Mitmachen: »Sonst schick ich dir die Zeugen Jehovas auf den Hals!« Am Ende der Vorstellung kam ein Zuschauer auf ihn zu, bekannte sich zu den Zeugen Jehovas und fühlte sich folglich auf den Schlips getreten. Mein Mann entschuldigte sich, und der Fehler war verziehen.

Der Kollegin riet ich: Locker bleiben, wenn etwas schiefgeht. Genau hinschauen, warum der Witz die Schüler nicht zum Lachen gebracht hat. Berühmte und erfolgreiche Komiker erleben es nicht anders. Harald Schmidt wiederholte einen verpatzten Gag in seiner Show 20 Mal mit den Worten: »Ich mach das jetzt so lange, bis der Gag funktioniert!«

Jürgen von der Lippe kommentierte die peinliche Stille nach einem erzählten Witz wie folgt: »Warum bleibt hier die Wirkung weit hinter der Erwartung zurück?« Alle lachen. Er benennt die Schwäche, die Peinlichkeit, die jeder fürchtet, wenn ein Witz nicht ankommt, und gewinnt damit das Lachen seiner Zuhörer. Eva Ullmann beschreibt die sogenannte 9er-Regel von John Vorhaus, einem Sitcom-Schreiber: Von zehn erzählten Geschichten ist nur eine ein Brüller. Erfolgreiche Humoristen halten durch und schmeißen im Laufe ihrer Vorbereitung neun Geschichten aus dem Programm. Insofern gilt: Mut zum Risiko.

Zum Humor gehört das Scheitern unweigerlich dazu. So heißt es schon in der wörtlichen Definition, Humor sei die Begabung eines Menschen, der Unzulänglichkeit der Welt und der Menschen, den alltäglichen Schwierigkeiten und Missgeschicken mit heiterer Gelassenheit zu begegnen. Humor beschäftigt sich gerade mit dem Scheitern und den Schwächen des Menschen. Umso leichter wird ein verpatzter Witz verziehen, aber keiner möchte, dass man deshalb aufhört, Witze zu erzählen. Schon gar nicht im Unterricht! Wenn man in einem Jazzclub Schlagerlieder spielt, passt das nicht zur Zielgruppe. Wäre dann die Konsequenz, in Zukunft keine Musik mehr zu machen? Nein, man muss nur den richtigen Geschmack treffen!

Liebe Lehrerkollegen, traut euch! Riskiert es zu scheitern und versucht es immer wieder. Eure Schüler werden es euch danken! Erinnert euch an Edison, der über seine 999 Fehlversuche, die Glühbirne zu erfinden, sagte, er sei nie gescheitert, er habe nur 999 Mal erfolgreich Wege eliminiert, die nicht zum Erfolg führten.

Je besser man seinen Humorgeschmack kennt, desto besser lernt man, über seine eigenen Schwächen zu lachen. Je mehr man sich mit Humor beschäftigt, desto leichter fällt es einem, den Humorgeschmack der Schülerinnen und Schüler zu treffen. Gleichzeitig entdeckt man in der Beschäftigung mit dem eigenen Humor die stärkende Kraft, die darin steckt. Denn das eine bedingt das andere. Nur wenn ich selbst Humor in meinem Leben wertschätze und auf die Suche danach gehe, wird der Humor auch meine Arbeit in der Schule prägen. Nur wenn ich mich mit Humor beschäftige, hält er Einzug in mein Klassenzimmer. Dazu dient das sechste Kapitel, das als Coaching oder als Humor-Workshop gedacht ist, um Ihre eigenen Humorfähigkeiten zu trainieren. Mit den Humortipps meines Mannes werden Sie beim Lesen Ihre eigenen Ressourcen entdecken und lieben lernen. Sie werden feststellen, worin Ihre individuelle Humorstärke liegt, die Sie dann im Klassenzimmer einsetzen können. Ich hoffe, Ihre Neugier ist geweckt. Wenn ja, dann blättern Sie um und genießen Sie die Kraft des Humors für sich selbst.

**Überblick: Keine Angst vorm Scheitern**

- Zwei wichtige Grundsätze des Humors:
  1. die innere Haltung gegenüber meinen Zuhörern
  2. sich entschuldigen können
- Locker bleiben, wenn etwas schiefgeht
- Mut zum Risiko
- Trainieren des eigenen Humors und der Fähigkeit, über sein Scheitern zu lachen

»*Scheitern ist ein Umweg, keine Sackgasse.*« (Zig Ziglar)

# 7. Trainieren Sie Ihren Sinn für Humor

## Lehrer brauchen Humor

Brauchen Lehrer Humor? Ist Humor nicht mein Metier als Komiker und Kabarettist? Nun, ich bin auch der Ehemann einer Lehrerin. Ich beobachte ihre berufliche Belastung hautnah und finde: Ja, Lehrer brauchen viel Humor! In deutschen Bildungseinrichtungen arbeiten rund 2,1 Millionen Menschen. Ein Gutachten des Aktionsrates Bildung im Auftrag der bayrischen Wirtschaft gibt an, dass davon mindestens ein Drittel über zu hohe Belastungen klagt. Viele Beschäftigte gaben an, unter chronischem Stress und psychischen Beeinträchtigungen zu leiden. Die Zahl der Krankheitstage habe sich in den letzten 15 Jahren fast verdoppelt. Als besonders gesundheitsgefährdende Merkmale des Lehrerberufs gelten laut Gutachten:

- die extrem hohe Interaktionsdichte zwischen Lehrern und Schülern im Unterricht, wobei der Lehrer in jeder Stunde viele Entscheidungen darüber treffen muss, worauf er reagiert und worauf nicht
- wenig Kooperation unter den Lehrerkollegen
- mangelnde Anerkennung seitens der Eltern und der Gesellschaft (statt Vertrauen begegnen ihnen oft Angst und Zweifel, ob sie dem Kind gerecht werden)

Das deutsche Ärzteblatt assoziiert mit dem Beruf des Lehrers die Rolle des Erziehers, Partners, Beraters, Vermittlers, Sozialarbeiters, des professionellen Managers und des politischen Aufklärers. Die Gesundheit der Lehrer wirkt sich maßgeblich auf die Unterrichtsqualität und den Lernerfolg der Schüler aus. Laut Ärzteblatt ist insbesondere bei ausgebrannten Lehrern die Qualität des Unterrichts vermindert.

Den Studien zufolge sind vor allem überengagierte Lehrer, die wenig Widerstandspotenzial haben, von Burn-out gefährdet. Genauso trifft es resignierte Lehrer, die wenig emotionale Widerstandskraft haben. Gut geschützt gegen Burn-out sind Kollegen, die engagiert sind und eine hohe Widerstandskraft haben. Für die hohe Widerstandskraft spielt auch das private Umfeld der Lehrer eine Rolle: Ein gesundheitsförderlicher Lebensstil und gute soziale Beziehungen fördern emotionale Stärke.

Manfred Spitzer beschreibt in seinem Buch »Lernen«, welchen Stressmechanismen Lehrer ausgesetzt sind. Er zitiert Bayerwaltes, der sagt, dass viele Lehrer vor dem Unterricht regelrecht Angst haben. In der Grundschule weniger als in den weiterführenden Schulen haben sie Angst vor den Frechheiten und Demütigungen, denen sie jeden Morgen sechs Stunden lang ausgesetzt sind. Die einen werden davon krank, die anderen böse und zynisch. Welche negativen Auswirkungen Zynismus auf die Lernatmosphäre hat, haben wir im ersten Kapitel des Buches verdeutlicht.

Laut Ärzteblatt müssen künftig die Ressourcen des Berufs stärker als bisher in die Gesundheitsförderung und Arbeitsgestaltung einbezogen werden. Es gilt die Frage zu beantworten, wie Lehrkräfte trotz der hohen Arbeitsbelastung gesund bleiben. Es gilt für mich als Komiker, den Humor im Schulalltag in den Fokus zu rücken.

## Salutogenese – Was hält gesund?

Bei meiner Arbeit als Klinikclown erlebe ich immer wieder große Unterschiede in der Genesung von Kindern und Jugendlichen mit gleicher Erkrankung. Manche Patienten müssen lange in der Klinik bleiben, andere erfreuen sich binnen kürzester Zeit wieder bester Gesundheit. Was sind die Gründe für schnelle Genesung? Was macht den Unterschied aus?

Statt sich zu fragen, was Lehrer krank macht, lohnt sich die Frage, was Lehrer gesund hält. Statt Pathogenese empfiehlt sich Salutogenese. Der amerikanisch-israelische Medizinsoziologe Aaron Antonovsky ging dieser Frage nach. Er befragte 1970 jüdische Überlebende des Holocaust nach ihrer Gesundheit und stellte fest, dass 29 Prozent der Befragten psychisch stabil und körperlich gesund sind. Es grenzte für ihn an ein Wunder, wie man durch den unvorstellbaren Horror des Lagers gegangen und trotzdem wieder bei annehmbarer Gesundheit sein kann. Er stellte sich die Frage, welche Ressourcen den Befragten zur Erhaltung ihrer Gesundheit zur Verfügung stehen. Wie schaffen sie es, mit der Belastung und Beeinträchtigung so gut fertig zu werden, dass sie keinen oder nur wenig Schaden davontragen? Diese gesundheitsfördernden Einflüsse werden Bewältigungsressourcen genannt.

Laut Antonovsky verfügen Personen, die in der Lage sind, selbst extreme Stresssituationen zu bewältigen und sogar als positive Herausforderung zu sehen, über ein gutes »Kohärenzgefühl«. Es setzt sich zusammen aus drei Faktoren (vgl. Ohm 1997, S. 60 f.):

- Verstehbarkeit: Die Person kann verstehen, inwieweit die tägliche Belastung sinnvoll und nachvollziehbar ist.
  Am Beispiel eines neuen schwierigen Schülers in einer Klasse könnte das heißen: Ich kann nachvollziehen, dass der schwierige Schüler in meine Klasse kommen soll, weil wir ein gutes Klassenklima haben und die Belastung dadurch auffangen können.
- Bewältigbarkeit: Die Person traut sich zu, die Anforderungen zu bewältigen.
  Am Beispiel des schwierigen Schülers: Da es mir bereits gelungen ist, ein gutes Klassenklima aufzubauen, werde ich schon einen Zugang zum Schüler finden.
- Sinnhaftigkeit: Die Person kann die Anforderungen so erleben, dass es sich lohnt, sich dafür einzusetzen. Es gibt ihr einen emotionalen Sinn.
  Am Beispiel des schwierigen Schülers: Besser, ich kümmere mich mit meiner Klasse um ihn, als dass er keinen Anschluss findet und noch auffälliger wird. Sonst entwickelt er sich noch zu einem permanenten Sorgenkind.

Dabei geht es nicht um das Ausblenden von Stress- und Krankheitszuständen. Es geht um eine erweiterte Sichtweise und um das Verlagern von Schwerpunkten. Menschen mit einem guten Kohärenzgefühl erhöhen ihre Motivation und vermeiden Überforderung.

Aber wie schaffen Sie es im stressigen Schulalltag, ein gutes Kohärenzgefühl zu entwickeln? Wie schafft es die Kollegin, nie gestresst zu wirken? Wie erhöhen Sie Ihre emotionale Widerstandskraft? Was ist die Ressource, die Sie gesund hält? Meine Antwort als Komiker und Klinikclown ist eindeutig: mit Humor! Seit vielen Jahren halte ich Vorträge und Pädagogische Tage zum Thema Humor und Kommunikation. Seitdem erlebe ich an den Teilnehmern und an mir selbst, wie man seine negativen Gefühle durch Humor beeinflussen kann. Durch Humor gewinnen wir den Widrigkeiten des Berufsalltags ebenso wie unseren eigenen Unzulänglichkeiten und Schwächen die ihnen innewohnende Komik ab. Ebenso wie die Salutogenese konzentriert sich auch die Positive Psychologie nicht mehr auf die negativen Aspekte des Lebens, sondern erforscht jene Aspekte, die persönliches Wachstum ermöglichen. Martin Seligman, einer der Pioniere der Positiven Psychologie, hat eine Reihe von Charaktereigenschaften identifiziert, die uns dabei unterstützen, seelisch und körperlich gesund zu bleiben. All diese Eigenschaften sind trainierbar, und eine davon ist der Humor. Sie haben es selbst in der Hand! Machen Sie sich auf den Weg und trainieren Sie Ihren Humor. Es lohnt sich! Denn wie schon Bill Cosby sagte: »If you can laugh at it, you can survive it!«

## Humor – Das natürlichste Antistressmittel

Die Deutschen sind im weltweiten Ranking der Glückseligkeit und Heiterkeit zusammen mit Italien und Frankreich weit abgeschlagen im Mittelfeld. Schlechte Laune wirkt wie ein Gift. Die Seele, der Geist und der Körper werden langsam, aber sicher »vergiftet«. Pessimismus und Ärger können den Körper dauerhaft schädigen. Der Launologe und Humorforscher Helmut Fuchs schreibt, dass Google beim Stichwort »Depression« ca. 95 600 000 Internetseiten anbietet. Das Stichwort »Heiterkeit« bietet hingegen nur 1 060 000 Seiten an.

Dabei gibt es unzählige Beispiele dafür, dass Humor hilft, schwierige Situationen zu meistern und Stress abzubauen. Der KZ-Überlebende und Begründer der Logotherapie Viktor Frankl bezeichnet Humor als eine Art Trotzmacht des Lachens, die sich über alle Beschränkungen hinwegsetzt. Frankl betont, dass die letzte Freiheit darin besteht, was ich in meinem Kopf denke. Das kann mir keiner nehmen, auch kein KZ-Wärter. Deswegen hat er sich während der Zeit im Konzentrationslager mit anderen jüdischen Intellektuellen verabredet, um sich jeden Tag Witze zu erzählen. Das stärkte ihren Überlebenswillen, um nicht am Leid zu zerbrechen.

Eine wichtige Voraussetzung von Humor ist die menschliche Fähigkeit, über sich selbst nachzudenken, sich selbst zu reflektieren. Vermehrt wird Humortraining auch in der Psychotherapie eingesetzt. Es fördert die Fähigkeit, sich »neben sich« zu stellen und die Belastung aus einer anderen Perspektive zu betrachten. Das Problem ist durch den Humor noch nicht gelöst, wird aber durch den Perspektivwechsel als weniger belastend und niederdrückend empfunden. Mit Humor werden wir vom hilflosen Opfer zum handelnden Akteur, der seine Erfahrungen selbst gestaltet. Wie Wilhelm Busch schon schrieb: »Humor zu haben ist die Lust zu lachen, wenn es zum Weinen ist.« In diesem Buch möchte ich Ihnen Techniken nahebringen, die es Ihnen ermöglichen, Ihre negativen Gefühle umzuwandeln und sich selbst nicht mehr als Opfer der Umstände zu sehen.

Schulische Rahmenbedingungen haben tatsächlich die Eigenschaft, sich ständig zum Schlechten hin zu verändern. Finanzielle Mittel werden gekürzt, bei gleichzeitiger Erhöhung der Anforderungen. Die Lebensbedingungen der Kinder ändern sich in rasendem Tempo, die Informations- und Bilderflut durch das Internet vervielfacht sich permanent. Die Schüler sind oft unkonzentriert, unsozial und unwillig. Unter diesen Bedingungen, die ich nicht beeinflussen kann, ist Unterrichten eine große Herausforderung. Ich kann zwar die Umstände nicht ändern, aber meine Einstellung dazu. Das beginnt schon mit der einfachen und neugierigen Frage, was denn die Kollegin anders macht, an der der Stress scheinbar abfällt. Die trotzdem immer etwas zum Lachen findet.

Lachen befreit. Wer lacht, lebt länger. Es ist lohnend, sich auf die Reise in das Reich des Humors einzulassen und seine heilende Wirkung und Kraft zu erfahren. Ein chinesisches Sprichwort deutet an, worum es geht: »Dass die Vögel der Sorge und des Kummers um dein Haupt fliegen, kannst du nicht verhindern. Aber du kannst verhindern, dass sie Nester in dein Haar bauen.«

Die kanadischen Forscher Kuiper und Martin fanden in einer Untersuchung an 227 Studenten heraus, dass es einen deutlichen Zusammenhang zwischen dem Sinn für Humor und psychischer Gesundheit gibt (vgl. Falkenberg/McGhee/Wild 2013). Je größer bei den Studenten der Sinn für Humor war, desto größer war ihr Selbstwertgefühl und ihre Fähigkeit, Stress zu bewältigen. In einer ähnlichen Untersuchung von Franz Josef Hehl wurde festgestellt, dass die Studenten, die über keinen der vorgebrachten Witze lachen konnten, gleichzeitig über die meisten körperlichen Beschwerden klagten (vgl. Falkenberg/McGhee/Wild 2013).

Humor als das natürlichste Antistressmittel bedarf etwas Übung, aber es lohnt sich. Denn wie bewundernswert ist doch die Spaziergängerin, der eine Taube auf ihre Bluse macht und die daraufhin sagt: »Wie schön, dass Kühe nicht fliegen können!«

**Überblick: Lehrer brauchen Humor**

- Salutogenese: Was hält mich gesund?
- Humor erhöht die emotionale Widerstandskraft.
- Humor ermöglicht Perspektivwechsel.
- Humor macht die Belastung erträglicher.
- Humor ist das natürlichste Antistressmittel.

»*Was nicht gut ist, hat einen Vorzug: Es kann besser werden!*« (Erich Kästner)

## Lachen hält gesund

Nicht jeder, der gesund ist, ist fröhlich und hat viel zu lachen. Aber wer öfter lacht, wird seltener krank und lebt länger. Wenn ich öfter lache, erhalte ich mir meine Gesundheit und alle anderen profitieren auch davon. Deshalb schreiben wir dieses Buch. Deshalb halte ich mit Eckart von Hirschhausen Vorträge für Lehrer und Klinikpersonal.

Lachen als Medizin, das wurde bis vor kurzem auch in der Medizinbranche noch belächelt. Die Heilwirkung von Lachen wurde unterschätzt und sträflich vernachlässigt. Humor hatte in der Visite im Krankenhaus und in der Pflege keinen Stellenwert. Umso beeindruckender ist die Geschichte des amerikanischen Chefredakteurs und Buchautors Norman Cousins. Er litt an einer lebensbedrohlichen entzündlichen Wirbelsäulenerkrankung und hatte starke Schmerzen. Die Ärzte machten ihm wenig Aussicht auf Heilungserfolg. Die Wahrscheinlichkeit für sein Überleben betrug 1:500.

Dennoch nahm er den Kampf gegen die Krankheit auf. Da er über die unheilvolle Wirkung negativer Gedanken auf die Gesundheit gelesen hatte, kam er zu dem Umkehrschluss: Positive Gedanken müssten der Gesundheit nutzen. Er beschloss, möglichst intensive Heiterkeit zu erleben. Ein Zustand, der ihm im Krankenhaus unmöglich erschien. Mit dem Einverständnis der Ärzte suchte er sich in der Nähe des Krankenhauses ein Hotelzimmer. Dort sah er sich lustige Filme an, las humorvolle Bücher, und Freunde, die ihn besuchten, bat er, so viel wie möglich mit ihm zu scherzen und zu lachen. Nach kurzer Zeit bemerkte er den positiven Einfluss des Lachtrainings auf seine Schmerzen. Nach zehn Minuten lauthals lachen ließen die Schmerzen spürbar nach, sodass er endlich mal wieder für kurze Zeit schlafen konnte. Darüber hinaus verbesserten sich seine Laborwerte und sein Gesundheitszustand stabilisierte sich zunehmend.

Cousins überlebte die Krankheit und sagte im Nachhinein, dass seine Lachtherapie wesentlich zur Genesung beigetragen hat. Aufgrund seiner Erfahrungen wurde er zum ersten Lachforscher. Später veröffentlichte er seine Lachtherapieerfahrungen und sagte, dass die besten Ärzte nicht nur außergewöhnliche Diagnostiker sind, sondern Menschen, die die phänomenale Energie verstehen, die aus der Fähigkeit eines Individuums erwächst, sich eine optimistische Haltung in Bezug auf alle menschlichen Probleme zu bewahren. Die wohltuenden Emotionen sind laut Cousins nicht nur notwendig, weil sie gefallen, sondern weil sie regenerative und heilende Kraft in sich tragen. Beeindruckt von Cousins Veröffentlichungen wandten sich Wissenschaftler dem lange vernachlässigten Forschungsgebiet des Humors zu. Es entstand die Wissenschaft vom Lachen: Gelotologie. Cousins selbst lebte entgegen der düsteren Prognosen seiner Ärzte noch sechzehn Jahre lang relativ gesund und wurde 65 Jahre alt.

Im Januar 2017 wurden die Ergebnisse einer außergewöhnlichen Studie vorgestellt. Gemeinsam mit der Kinderchirurgie der Universitätsmedizin Greifswald und der Stiftung Humor Hilft Heilen wurde die Wirksamkeit von Klinikclowns vor einer Operation untersucht. Bei den Kindern mit Klinikclown wurde ein Anstieg des Glückshormons Oxytocin nachgewiesen. Außerdem konnte eine deutliche Verminderung der Angst festgestellt werden. In der Kontrollgruppe ohne Clowns dagegen nicht. Dort blieb die

Angst unverändert. Das vom Körper selbst gebildete Hormon war also ein wichtiger Indikator für den Erfolg der humorvollen Intervention.

In meiner Arbeit als Klinikclown erlebe ich jedes Mal die befreiende Wirkung des Lachens. Genauso in meiner Familie, in meinen Coachings und Vorträgen. Humor ist bekanntermaßen ideal geeignet, um die emotionale Widerstandsfähigkeit zu stärken. Wenn Humor sogar hilft, Krankheiten zu heilen, um wie viel leichter kann Humor dann auch bei beruflichem Stress helfen und heilen! In meinen Vorträgen sind die Hörer immer wieder beeindruckt, welche körperlichen Veränderungen durch Lachen experimentell nachgewiesen sind:

- Beim Lachen erhöht sich die Anzahl der roten Blutkörperchen, was wiederrum die Herstellung körpereigener Antikrebsstoffe beschleunigt.
- Durch das Lachen wird das Gehirn mit Glückshormonen wie Oxytocin und Dopamin überschüttet.
- Die Produktion und Aktivität von Killerzellen und Antikörpern wird durch Lachen erhöht. Sie sind zuständig für die Bekämpfung von Krankheitserregern.
- Der Spiegel der Stresshormons Epinephin sinkt deutlich durch Lachen.
- Lachen stabilisiert den Kreislauf, die Muskeln entspannen sich und die Durchblutung wird verbessert.
- Die Körpermuskeln werden durch Lachen trainiert. Der Energieaufwand des Lachens entspricht bei 20 Sekunden Lachdauer etwa drei Minuten Joggen.
- Lachen steigert das Lungenvolumen und fördert den Austausch von Luft.

Das Gehirn lässt sich beim Lachen sogar austricksen. Selbst ein künstliches Lächeln, vorausgesetzt, es dauert mindestens 60 Sekunden, löst im Gehirn die Ausschüttung von Glückshormonen aus.

Wenn man sich die Auflistung an körperlichen Reaktionen durch Lachen anschaut, wäre es doch ein Jammer, sich diese Wohlfühlressource entgehen zu lassen! Lachen als verlässlicher Verbündeter der Gesunderhaltung und der Lebensverlängerung, das lohnt sich. Dazu benötigt es kein Rezept vom Arzt. Die tägliche Lachdosis kann ich mir selbst verordnen, und ich weiß, sie hat keine Nebenwirkungen. Es ist noch niemand beim Lachen an einem Herzinfarkt gestorben, beim Ärgern allerdings schon. Gönnen Sie sich doch die tägliche Lachdosis. Es muss ja nicht erst die bedrohliche Wirbelsäulenerkrankung von Norman Cousins sein, die einen zur Lachtherapie greifen lässt.

**Überblick: Lachen hält gesund**

- Lachen löst Glückshormone aus.
- Lachen stärkt das Immunsystem.
- Lachen baut Stresshormone ab.
- Lachen verbraucht Kalorien.

»*Lachen ist wie ein Aspirin, es wirkt nur doppelt so schnell.*« (Groucho Marx)

## Was bedeutet Sinn für Humor?

Kinder lieben Humor. Und sie lieben humorvolle Lehrer! Ich kann täglich erleben, wie sehr mir die Kinderherzen zufliegen, wenn ich sie zum Lachen bringe. Unsere große Tochter sagte einmal, dass ihre Freundinnen so gerne bei uns übernachten, denn da gebe es immer etwas zu lachen. Na klar, denken Sie vielleicht, ich bin ja auch gelernter Humorprofi, doch auch ich als Berufskomiker habe meinen Sinn für Humor nach und nach entwickelt.

»Felix, mach Faxen!« Ich höre sie noch genau in meinen Ohren, die Rufe meiner Cousinen vom Bodensee. Dort machte meine Familie regelmäßig Zwischenstation, auf der Rückfahrt vom Osterskiurlaub nach Berlin. Für meine Schwester und mich war es eine Freude, die Cousinen zu treffen und stundenlang miteinander zu spielen. Und früher oder später kam der Ruf, den ich schon kannte und insgeheim liebte: »Felix, mach Faxen für uns!« Dann kam er, mein Moment. Die Cousinen setzten sich zusammen mit meiner Schwester als Publikum in den Garten, und ich begann mit meinen Faxen. Angelehnt an die großen Vorbilder aus meiner Lieblingsfernsehsendung »Väter der Klamotte«, mit Charlie Chaplin, Buster Keaton und anderen, versuchte ich mein Publikum zum Lachen zu bringen. Dabei kämpfte ich gerne mit den Tücken eines Hüpfballs, indem ich verzweifelt versuchte, wenigstens einmal mit ihm zu hüpfen. Was mir natürlich misslang. Der Schwerpunkt meiner Faxen lag auf Slapstick, nicht auf Sprachkomik. Meine Schwester und die Cousinen mochten offensichtlich meine Komikversuche, denn sie lachten bereitwillig und forderten es Jahr für Jahr immer wieder ein.

Tatsächlich machte ich als Kind die Erfahrung, dass meine Familie mich lustig fand. Ich trainierte meine Komik, da ich es genoss, im Mittelpunkt der Aufmerksamkeit zu stehen. Durch das tägliche familiäre Training wurde ich immer besser. Meine Schwester hingegen nahm die Rolle der Zuschauerin ein und übte sich nicht in Lustig-sein. Diese Nische hatte ja schon der große Bruder besetzt. Bis heute ist sie sehr einfühlsam und empathisch, Eigenschaften, die sich bei mir nicht wirklich dominant durchgesetzt haben. Ich genoss es, meine Schwester und meine Eltern zum Lachen zu bringen. Je mehr Erfolg ich hatte, desto öfter versuchte ich es. Im geschützten Rahmen der Familie hatte ich keine Hemmungen.

Ganz anders gestaltete sich meine Rolle in der Schule. Ich war entgegen vieler Erwartungen nicht der Klassenclown. Im Gegenteil, ich empfand mich als schüchtern und wurde mit dem Alter immer introvertierter. Zu meinem Leidwesen brachte ich meine Klasse dennoch häufig zum Lachen, das geschah aber unfreiwillig. Ich war häufig verträumt und kam, wie man in Berlin so schön sagt, aus dem Mustopf. Wenn mich meine Lehrerin etwas fragte, wusste ich oft nicht, worum es ging, und schaute dementsprechend planlos aus der Wäsche. Aufgrund meiner offensichtlich ausdrucksstarken Mimik, über die ich in dem Moment jedoch keine Kontrolle hatte, fing die gesamte Klasse an zu lachen. Oh, wie ich es hasste! Ich schämte mich in Grund und Boden. Bis heute reagiere ich sehr empfindlich, wenn mir mein Gegenüber das Gefühl gibt, dass ich auf der Leitung stehe. Doch meine Lehrerin glaubte an mich. So kam es, dass ich in der achten Klasse bei einer großen Aufführung die Hauptrolle angeboten bekam. Das war eine unglaubliche Ehre, denn in der Waldorfschule hat das Klassenspiel im achten Jahrgang einen hohen Stellenwert. Ich lehnte das Angebot ab. Meine Lehrerin redete mir zu, dass sie sich sicher sei, ich werde das sehr gut machen. Meine Eltern versuchten mir Mut zuzusprechen. Ich lehnte ab. Eine Hauptrolle, auf einer großen Bühne, das war nichts für mich. Wenn mir damals jemand gesagt hätte, dass ich eines Tages auf den großen Varietébühnen Deutschlands spielen werde, ich hätte ihn ausgelacht. Stattdessen begnügte ich mich mit einer Nebenrolle, und selbst dabei hatte ich sehr mit Lampenfieber zu kämpfen.

Je älter ich wurde, desto mehr traute ich mich schließlich, mein komisches Talent auch in der Schule einzusetzen. Dabei spornte mich der Gedanke an: Wenn ihr schon über meine unfreiwillige Komik lacht, dann bringe ich euch erst recht absichtlich zum Lachen. Ich sprang über meinen Schatten und begann, meine Mitschüler zu unterhalten. Je mehr Erfolg ich hatte, desto mehr übte und trainierte ich meine Komik. Ein Freund aus der Parallelklasse spielte erfolgreich Pantomime. Ich sprach ihn an, begann mit ihm zusammen zu proben, und so kam der Tag, an dem wir uns in Charlottenburg auf den Kudamm stellten, einen Hut auf den Bürgersteig legten und mit Straßentheater begannen. Der Erfolg blieb nicht aus. Wir verdienten uns ein nettes Taschengeld und sammelten viel Erfahrung. Bis heute profitiere ich von meiner Straßentheaterzeit, die mir nebenbei diverse Urlaube im schönen Südfrankreich finanzierte. Es dauerte noch ein paar Jahre, bis ich mich traute, mein Hobby durch den Besuch einer Schauspielschule in Stuttgart zum Beruf zu machen.

Bis heute habe ich es nicht bereut. Heute sind es meine Töchter, die mir zurufen: »Papa, mach Faxen«. Heute sind es meine Töchter, die ich versuche, in ihrer Komik zu ermutigen. Ich motiviere sie, sich im Witze erzählen zu üben und einen eigenen Sinn für Humor zu entwickeln – und vor allem: zu trainieren. Denn aufgrund meiner Biografie bin ich überzeugt davon, dass man seinen Sinn für Humor trainieren kann. Es ist wie beim Klavierspielen: Nicht jeder wird zum Konzertpianisten oder zum Berufskomiker, aber ein guter Kneipenmusiker kann jeder mit Übung werden. Jeder hat Sinn für Humor, und es ist ein unterhaltsamer Weg, ihn zu entwickeln. Wer hätte gedacht, dass Faxenmachen tatsächlich zu meinem Beruf geworden ist?

## Sinn für Humor

In unserer Gesellschaft versteht man unter Sinn für Humor zweierlei. Zum einen beschreibt es das Vorhandensein einer inneren Haltung. Zum anderen bezeichnet Sinn für Humor bestimmte Merkmale wie Lachen, Witze verstehen, ein Gespür dafür entwickeln, wann man wem welchen Witze erzählen kann, spielerisch sein, Komik und Blödsinn mögen und über sich selbst lachen können. Ein Mensch mit Sinn für Humor kann auch anstrengenden Situationen mit heiterer Gelassenheit begegnen. Diese Beschreibung von Sinn für Humor wirkt wie eine Eigenschaft, die man hat oder nicht.

Genauso erlebt es Marion in den Schulen. Die einen Lehrer sind lustig, die anderen nicht. Die eine Kollegin hat es drauf, die Klasse zum Lachen zu bringen, die andere nicht. Diejenigen, die es drauf haben, sind natürlich bei allen beliebt, bei den Schülerinnen und Schülern und im Kollegium. Neidvoll wünscht man sich, auch so humorvoll und lustig zu sein. Man bewundert den Kollegen, dem immer ein lustiger Spruch einfällt, auch in schwierigen Situationen. Aber entweder man hat es drauf oder eben nicht. So dachte auch meine Frau jahrelang und hat dem Sinn für Humor wenig Bedeutung beigemessen. Denn schließlich ist das nicht das Einzige, worauf es ankommt in der Schule, im Gegenteil. Dachte sie.

So dachte sie bis zu dem Tag, an dem ich ihr das erste Mal von einem Humorforscher namens McGhee erzählte, der Menschen dazu anleitete, ihren Sinn für Humor zu trainieren. Da wurde sie hellhörig. Ihr bisheriges Konzept geriet ins Wanken. Jeder Lehrer kann humorvoll sein? Nur jeder anders und auf seine individuelle Weise?

Der Humorforscher McGhee hat ein achtstufiges Trainingsprogramm entworfen, um den Sinn für Humor zu schärfen. Es weist zwar Parallelen zur allgemeinen Definition von Humor auf, besteht jedoch aus verschiedenen Fähigkeiten, die trainiert werden können und damit den Sinn für Humor verbessern. Der entscheidende Unterschied liegt darin, dass man den Humor in verschiedene Komponenten zerlegt, die einzeln trainiert und geübt werden können. Laut McGhee (Falkenberg/McGhee/Wild 2013, S. 8 f.) ist es ein Zusammenspiel aus fünf Faktoren:

1) Intellektuell: die Fähigkeit, mit Worten und Ideen zu spielen, wodurch eine humorvolle Wirkung entsteht.
Das fällt vielen schwer. Man bewundert Komiker oder Kollegen, die mit Worten spielen können. Einem selbst passieren allenfalls unfreiwillige Wortspiele, wie zum Beispiel Phillip Lahm: »Man soll das Salz nicht in der Suppe suchen!« Aber auch unfreiwillige Komik kann alle erheitern, sich selbst mit eingenommen.
2) Sozial: mit Humor Konflikte bewältigen und soziale Bindungen stärken; ein Bewusstsein dafür entwickeln, wann Humor angemessen ist und wann nicht.
Bei unseren Töchtern fällt es Marion leicht, Streitigkeiten mit Humor zu klären und beide zum Lachen zu bringen, vorausgesetzt, sie sind nicht zu sehr betroffen und verletzt. Das lässt sich auf die Schule übertragen. Da sucht der Lehrer meist nur den Schuldigen und ärgert sich über die verlorene Zeit (siehe Kapitel »Konflikten den Ernst nehmen«).
3) Emotional: die Fähigkeit, über sich selbst zu lachen und Humor als Stressbewältigungsstrategie einzusetzen.
Vor einigen Jahren erklärte meine Frau sich bereit, eine Abordnung an eine andere Schule zu übernehmen. Täglich erzählte sie von den schwierigen Klassen, die sie an dieser Schule unterrichtete. Tatsächlich hatte sie viel mehr Stress und sehr anstrengende Schüler. Jeder Tag, an dem sie dorthin musste, wurde zum Horrortag, der ihre Laune permanent belastete. Der Lachyogatherapeut und Trainer für Stressmanagement Christoph Emmelmann empfiehlt in solchen Fällen folgende Übung: Immer dann, wenn einen das Gefühl von Stress und Panik übermannt, soll man sich vor einen Spiegel stellen, ganz bewusst die Schultern hängen lassen und mit weinerlicher Stimme seinem Stress und seiner Sorge Ausdruck verleihen: »Ach, ich bin so arm dran, es geht mir so furchtbar schlecht.« Anschließend soll man seine Stimme wieder zuversichtlicher klingen lassen und sich selbst Mut zusprechen: »Obwohl es mir so schlecht geht, gehe ich morgen wieder hin und unterrichte die Schüler!« Der Leidensdruck meiner Frau war so hoch, dass sie diesen Humortipp als Stressbewältigungsstrategie ausprobierte. Bereits beim ersten Mal musste sie über sich lachen! Durch die eigene Übertreibung relativierte sich die Wirklichkeit und die Belastung verlor für sie an Gewicht.
4) Expressiv: die Fähigkeit, seinen Gefühlen Ausdruck zu verleihen, sie durch Mimik und Gestik zu zeigen.
Liebe Leserinnen und Leser, lachen Sie! Lachen Sie laut und herzlich, ohne dabei die Hand vor den Mund zu halten. Genießen Sie Ihr Lachen, und man wird Sie immer und überall an Ihrem Lachen erkennen.
5) Innere Einstellung: mit einer humorvollen Haltung das Absurde und Lächerliche im täglichen Leben wahrnehmen und als Bewältigungsstrategie nutzen.
Bestimmt haben Sie es selbst schon erlebt, wenn Sie im Telefongespräch mit Freunden, die auch im Schuldienst sind, plötzlich über Stresssituationen in der Schule lachen müssen. Meist wird uns erst im Nachhinein das Absurde der Situation bewusst.

Diese fünf Faktoren beschreibt McGhee als Sinn für Humor. In meinen Vorträgen und an Pädagogischen Tagen versichere ich meinen mitunter ungläubigen Zuhörern, dass jedem diese Tür zum Humor offen steht. Jeder kann sie trainieren.

Nachdem meine Frau zum ersten Mal einen meiner Humorvorträge gehört hatte, ließ sie der Gedanke nicht mehr los: Jeder kann seinen Humor trainieren und verbessern? Tatsächlich hatte sie bei einigen der fünf genannten Faktoren gleich das Gefühl, das fällt ihr leicht. Andere hingegen fühlten sich noch untrainiert an. Wie reizvoll aber erschien ihr der Gedanke, sich auch an diese heranzuwagen. Wie aufbauend war gleichzeitig das Gefühl, dass nicht nur der lustige Kollege Sinn für Humor hat, sondern auch sie selbst. Ihr fiel eine Begebenheit ein, die sie damals schon stutzig gemacht hatte: Sie spielten Personenraten in ihrer Klasse. Eine Kunsttherapeutin, die als Inklusionshelferin einen autistischen Schüler begleitete, sollte den Kindern meine Frau beschreiben. Als erste Eigenschaft sagte sie: »Sie lacht viel.« Relativ schnell hatten die Kinder meine Frau erraten. »Sie lacht viel.« Diese Beschreibung blieb ihr im Gedächtnis. Ist das so? Sie hatte sich selbst nicht so erlebt. *Ich* war doch der Komiker, derjenige, der viel lacht und andere zum Lachen bringt. Aber mit diesem Tag war ein Anfang gemacht. Sie begann, ihre Humorfähigkeit sensibler wahrzunehmen und zu trainieren.

Was bedeutet es also, Sinn für Humor zu haben? Der amerikanische Autor und Komiker Elwyn Brooks White hat die genaue Analyse von Sinn für Humor sehr treffend beschrieben. Er sagt, dass Humor zu analysieren genauso sei, wie einen Frosch zu sezieren. Kaum jemand interessiert sich dafür und der Frosch stirbt dabei. Dennoch wagen wir uns an dieses schwierige Unterfangen, denn es lohnt sich. Nach McGhee bedeutet es unter anderem,

- den Humor anderer wertzuschätzen,
- sich selbst humorvoll zu verhalten,
- Humor auch im Alltag zu sehen,
- über sich selbst lachen zu können,
- Humor in einer Stresssituation einsetzen zu können.

Wenn ich in meinen Workshops frage, wer von den Teilnehmern sich wünscht, dass ihre Kollegen mehr Humor haben sollten, so heben die meisten die Hand. Durch das Handzeichen wird allen deutlich, dass sich die Kollegen auch von ihnen mehr Humor wünschen. Sinn für Humor wird offensichtlich als wichtige Eigenschaft empfunden. Der amerikanische Autor und Dozent Frank Moore Colby brachte es schon Anfang des letzten Jahrhunderts auf den Punkt. Er meinte, es sei leichter zuzugeben, dass man ein Gebiss oder ein Toupet trägt oder dass man Brandstiftung, einen Mord oder Landesverrat begangen hat. Niemand würde aber zugeben, keinen Sinn für Humor zu haben (vgl. Falkenberg/McGhee/Wild 2013, S. 29).

Humor ist wichtig, um uns aufzuheitern. Er kann unsere Kommunikation erleichtern und beschleunigen. Humorvolle Menschen sind beliebt, man ist gerne mit ihnen zusammen. Wie beschrieben hat Humor eine positive Auswirkung auf Ihre Gesundheit. Und er ermöglicht Ihnen, besser mit Stress umzugehen. Indem Sie der Belastung mit Humor begegnen, haben Sie das Gefühl, sie besser unter Kontrolle zu haben. Auch wenn Sie trotz der Lektüre unserer Humortechniken nicht den Mut haben, Ihre Klasse zum Lachen zu bringen, lohnt es sich doch, durch die Beschäftigung mit Ihrem Humor sich selbst zum Lachen zu bringen und sich um Ihr seelisches Wohl zu sorgen.

## Humorstudie mit Lehrern

Die Amerikaner Nevo, Aharonson und Klingman führten 1998 eine Studie mit Lehrern durch. Sie entwickelten ein Programm zur Förderung des Sinns für Humor. Nach der Entwicklung des Programms sollte es mit einer Gruppe von 101 Lehrern getestet werden. Zu Beginn der Studie wurde die Humorfähigkeit der Lehrer getestet. Dann teilte man die Lehrer in vier unterschiedliche Gruppen ein:

- Gruppe 1 durchlief das gesamte Humortrainingsprogramm mit Theorie und praktischen Übungen.
- Gruppe 2 lernte ausschließlich den theoretischen Teil des Humorprogramms.
- Gruppe 3 traf sich regelmäßig. Während der Treffen wurde über humorlose Themen wie Prüfungsangst diskutiert.
- Gruppe 4 war eine reine Kontrollgruppe ohne Programm.

Das Ergebnis war eindeutig: In Gruppe 1 und 2 war eine deutliche Zunahme der Humorfähigkeit nachzuweisen. Sowohl in der Eigenwahrnehmung als auch in der Fremdbeurteilung war der Sinn für Humor bei den Teilnehmern gestiegen. Interessant war, dass Gruppe 3 ebenfalls eine Steigerung verzeichnen konnte, wenn auch nicht so signifikant. Offenbar bewirkte die soziale Interaktion bei den Treffen, bei der sicherlich auch Humor aufgetreten ist, schon eine Verbesserung des Sinns für Humor. In der Kontrollgruppe ließ sich das nicht verzeichnen. Hier gab es keine Veränderung.

Aus der Studie wird eines deutlich: Selbst die theoretische Beschäftigung mit Humor verbessert die Humorfähigkeit. Liebe Leserinnen und Leser, das macht doch Mut! Schon durch die Lektüre unseres Buches wird Ihre Humorfähigkeit verbessert. Um wie viel mehr, wenn Sie sich auch unseren praktischen Übungen widmen und dabei auch noch Spaß haben!

Während der Beschäftigung mit dem Thema Humor und der anschließenden Arbeit an diesem Buch konnte auch meine Frau eine Veränderung an sich feststellen. Es stellte sich bei ihr eine heitere Grundstimmung ein. Sie entwickelte ein Gespür für witzige Situationen im Unterricht und im Lehrerzimmer, wie Sie in den ersten Kapiteln des Buches lesen konnten. Sie richtete ihre Aufmerksamkeit weniger auf das, was schlecht lief, sondern mehr auf Aspekte, die lustig und heiter waren. Sie entwickelte eine Pro-Humor-Einstellung, die ich allen Kolleginnen und Kollegen nur von Herzen wünschen kann. Dabei war es nicht nötig, so wie ich damals Faxen zu machen. Es war lediglich nötig, ihre eigene Aufmerksamkeit zu beeinflussen.

**Überblick: Was bedeutet Sinn für Humor?**

Sinn für Humor bedeutet:
- eine humorvolle innere Haltung zu haben,
- mit Worten humorvoll spielen zu können,
- mit Humor Konflikte zu bewältigen,
- über sich selbst lachen zu können,
- seine Gefühle zeigen zu können.

Sinn für Humor kann man entwickeln.
Eine Pro-Humor-Einstellung kann man fördern.

*Jeder Lehrer hat Sinn für Humor!*

## Humor und Achtsamkeit helfen im Schulalltag

Ein wichtiger emotionaler Partner für den Humor ist die Achtsamkeit. Sie lässt uns im Hier und Jetzt ganz lebendig sein. Durch einen Mangel an Achtsamkeit büße ich gleichzeitig an Lebendigkeit ein. In meinen Humorworkshops versuche ich die Teilnehmer dazu zu bewegen, mit gezielten Achtsamkeitsübungen ihren Sinn für Humor zu trainieren. Das verwundert zunächst, denn man assoziiert mit einem Humortraining nicht unbedingt Achtsamkeitsübungen. Vielmehr denkt man an Übungen im Witze erzählen und Ähnliches.

Seien Sie doch mal ehrlich. Wie oft verlieren Sie sich in Gedanken an die Zukunft oder an die Vergangenheit? Wie oft sind Sie wirklich zu hundert Prozent anwesend? Das ist nur verständlich. Sorgen und Ängste ziehen uns in die Zukunft. Was muss noch erledigt werden? Ängste und Depressionen halten uns in der Vergangenheit und lassen uns hadern mit Dingen, die wir getan oder unterlassen haben. Insbesondere Frauen neigen dazu, mehrere Dinge gleichzeitig zu tun. Telefonieren, ein Brot schmieren und dabei die Augenbrauen zupfen… Ein Phänomen, das ich auch bei Marion oft beobachte. Wir sitzen im Restaurant, und sie fängt an zu kichern über einen Kommentar, den der Mittvierziger am Nebentisch von sich gegeben hat. Ich selbst habe weder den Mittvierziger noch seinen Kommentar mitbekommen. Tatsächlich war ich in dem Moment weder achtsam noch wirklich offen für die Situation, in der ich mich gerade befand. So geht es Ihnen bestimmt auch in der Schule manchmal.

Auf dem Weg zur Schule ist man in Gedanken schon bei der Kollegin, die man gleich im Lehrerzimmer ansprechen will, um den Ausflug zu planen. Im Lehrerzimmer geht man in Gedanken die erste Stunde durch und versichert sich, alle nötigen Materialien dabei zu haben. Während des Unterrichts denkt man an die Förderpläne, die man evaluieren muss, und die Gespräche, die mit Eltern geführt werden müssten. In der Pausenaufsicht plant man den Toilettengang und überlegt, wie man den Hausmeister abfangen kann. Er muss sich um das kaputte Schloss kümmern. Auf dem Weg nach Hause plant man, was heute Nachmittag ansteht und erledigt werden muss.

Ein in der Meditation erfahrener Mann wurde einmal gefragt, wie er trotz seiner vielen Beschäftigungen immer so glücklich sein könne. Er sagte: »Wenn ich stehe, dann stehe ich, wenn ich gehe, dann gehe ich, wenn ich sitze, dann sitze ich, wenn ich esse, dann esse ich, wenn ich spreche, dann spreche ich.« Daraufhin fielen ihm die Fragesteller ins Wort und sagten: »Das tun wir auch, aber was machst du darüber hinaus?« Er sagte wiederum: »Wenn ich stehe, dann stehe ich, wenn ich gehe, dann gehe ich, wenn ich sitze, dann sitze ich, wenn ich esse, dann esse ich, wenn ich spreche, dann spreche ich.« Wieder sagten die Leute: »Aber das tun wir doch auch!« Er aber sagte zu ihnen: »Nein, wenn ihr sitzt, dann steht ihr schon, wenn ihr steht, dann lauft ihr schon, wenn ihr lauft, dann seid ihr schon am Ziel.«

Bei Achtsamkeit geht es darum, sich auf das Jetzt und Heute zu konzentrieren. Vor kurzem beschloss ich, einen Freund spontan zu besuchen, da ich wusste, dass es ihm nicht gut geht. Es war Feierabendzeit, auf der Straße herrschte Rushhour. Ich kam gerade von einem Achtsamkeitstraining wieder und wollte den Besuch kurz einschieben, um danach noch mit meiner Familie zu Abend zu essen. Die Autobahn war voll, ich begann mich zu stressen und zu überlegen, wann ich wohl ankommen werde und ob ich genügend Zeit für meinen Freund und für das Abendessen mit Marion und den Kindern haben würde. Da fielen mir meine Achtsamkeitsübungen ein. Ich schob die Gedanken auf später beiseite und begann mich auf das Autofahren einzulassen: »Ich fahre jetzt Auto und genieße die schöne Abendsonne dabei. Wann ich ankomme und wie viel Zeit ich haben werde, kann ich jetzt sowieso nicht mehr beeinflussen.« Tatsächlich war ich schneller da als erwartet. Und auch das Abendessen mit der Familie kam nicht zu kurz.

Bei Achtsamkeit geht es darum, diejenigen Dinge mitzubekommen, die im Moment da sind. Das ganz mitzumachen, was im Moment dran ist. Das ganz zu erleben, was gerade passiert. Die Abendsonne wäre mir andernfalls entgangen. Wenn ich aber achtsam bin, bin ich mit klarem Geist und offenem Herzen in der Gegenwart. Durch diese Achtsamkeit bin ich in der Lage, meine Mitmenschen, Kollegen, Schülerinnen und Schüler wahrzunehmen und mich für sie zu öffnen. Genauso wie ich meinen Körper wieder mehr wahrnehme und auf seine Bedürfnisse achte. Damit stärke ich meine emotionale Widerstandskraft und kann gleichzeitig meinen Sinn für Humor und komische Situationen trainieren.

Denn es gibt einen Moment, in dem wir zwangsläufig da sein müssen. Es gibt einen Augenblick, in dem wir zwangsläufig ins Hier und Jetzt katapultiert werden. Es ist der Sekundenbruchteil, in dem wir eine Pointe kapieren, in dem wir über einen Spruch lachen – der Moment des Lachens, das »Chairos«. So bezeichnet es die Bestsellerautorin Vera Birkenbiehl (Chairos ist die griechische Zeitkategorie für das Hier und Jetzt). Eine kleine Oase, in der man völlig bei sich ist, im Einklang mit sich und der Welt. Jedes herzhafte Lachen ist solch ein kostbarer und köstlicher Moment, der das Leben lebenswert macht. Ein Moment, der zur emotionalen Heimat wird. So kann das Lachen zur emotionalen Heimat werden.

Darüber hinaus sind fast alle Aspekte, die im vorherigen Abschnitt über den Sinn für Humor gesagt wurden, auch Aspekte von Achtsamkeit. Humor ist eine innere Haltung, die durch und durch gutherzig und nicht böswillig sein sollte. Genauso ist es bei Achtsamkeit. Ohne Achtsamkeit kann Humor bissig und zynisch werden. Ich lasse mich nicht wirklich auf den anderen und die Situation ein. Humor wird dann zum Sport und verliert an Herzenswärme, was im Unterricht fatale Folgen für die Lernatmosphäre hat. Achtsamkeit und Humor sind zwei Seiten einer Medaille, die unabdingbar zusammengehören.

Bei meinen Workshops wird während der Achtsamkeitsübungen viel gelacht und geschmunzelt. Dadurch passiert zweierlei: Die Teilnehmer lachen und bauen Stress ab. Zudem trainieren sie ihr Gespür für Situationen, in denen sich Humor als Intervention anbietet. Humor hat sehr viel mit Spiel gemeinsam. McGhee geht sogar davon aus, dass der Humor seine Wurzeln im Spiel hat und selbst eine Art Spiel ist. Im Praxisteil dieses Buches finden sich deshalb Achtsamkeits- und Humorspiele, die beide Seiten der Medaille trainieren und viel Freude bereiten.

Ihr Schulweg ist doch sicherlich zu schön, um in Gedanken schon im Lehrerzimmer zu sein. Meine Frau fährt jeden Morgen an traumhaften Weinbergen entlang, je nach Jahreszeit geht dahinter gerade die Sonne auf. Genießen Sie doch im Lehrerzimmer mehr das Zusammensein mit den Kolleginnen, die man während des Unterrichts sowieso nie sieht. Freuen Sie sich auf die Geschichten, die sie vom Wochenende erzählen, oder hören Sie achtsamer zu, wenn die Kollegen etwas belastet. Während Ihres Unterrichts können Sie keine Förderpläne evaluieren, also müssen Sie das nicht schon in Gedanken formulieren. Achten Sie während der Pausenaufsicht mehr auf die frische Luft, beachten Sie Ihre Körperhaltung, hören Sie auf das hoffentlich fröhliche Lachen der Kinder, statt an den Hausmeister zu denken, den man frühestens nach der vierten Stunde sehen wird. Und was Sie am Nachmittag zu erledigen haben, können Sie durch einen kurzen Blick auf Ihren Kalender vergegenwärtigen. Dafür ist die Rückfahrt, vorbei an den malerischen Weinhängen, zu schade! Tanken Sie Kraft in kleinen Augenblicken und lassen Sie hin und wieder Ihre Gedanken treiben, ohne dabei etwas zu erledigen. Lassen Sie innerlich locker, denn manchmal bringt weniger Denken mehr. Kurz mal nicht nachgedacht- Zack- glücklich!

**Überblick: Humor und Achtsamkeit im Schulalltag**

- Um humorvoll zu sein, muss ich im Hier und Jetzt sein.
- Humortraining ist immer auch Achtsamkeitstraining.
- Lachen kann eine emotionale Heimat sein (Chairos).
- Achtsames Wahrnehmen hilft dabei, sich zu entspannen.
- Weniger Denken bringt mehr.

»*Denn das ist eben die Eigenschaft der wahren Aufmerksamkeit, dass sie im Augenblick das Nichts zu allem macht.*« (Johann Wolfgang von Goethe)

## Praxistipps für die eigene Humorgesundheit

Vielleicht fragen Sie sich jetzt, was Sie tun können, um Ihren Sinn für Humor zu pflegen. Glauben Sie mir: viel! Ihr Sinn für Humor pflegt und trainiert sich jedoch leichter, wenn Sie sich in einer entspannten Situation befinden. Es ist leichter, bei stressigen Situationen in der Schule nicht den Humor zu verlieren, wenn man das vorher ohne Stress geübt hat. Dabei geht es nicht darum, sich zu einem Komiker oder gar Alleinunterhalter zu machen. Stattdessen ist das Ziel unserer Praxistipps, den eigenen Humor wiederzuentdecken. Durch das Wiederentdecken entsteht später die Chance, mit dem Stress und den Belastungen besser fertig zu werden. Auf der Basis des achtstufigen Trainingsprogramms des Humorforschers McGhee habe ich einige Praxistipps zusammengestellt, die Ihnen helfen werden, Ihren Humor wiederzuentdecken und zu trainieren. Jeder Praxistipp kann für sich genommen geübt werden, es bietet sich jedoch an, zunächst mit dem eigenen Humorgeschmack zu beginnen – in der Kindheit, in der Jugend und vor allem im Hier und Jetzt. Beim Lesen der Praxistipps dürfen Sie selbst entscheiden, ob Sie nur konsumieren wollen (Sie erinnern sich: Schon die theoretische Beschäftigung mit dem Thema Humor erhöht die eigene Humorfähigkeit!) oder ob Sie die Tipps praktisch umsetzen und ausprobieren möchten. Wenn Sie dazu bereit sind, dann garantiere ich Ihnen, dass Sie Spaß dabei haben werden. Wenn Sie nicht zum aktiven Üben bereit sind, dann genießen Sie einfach die Lektüre und lassen Sie meine Tipps indirekt auf sich wirken. Dennoch empfehle ich Ihnen, zur Absicherung Ihrer Lehrergesundheit Ihr aktuelles Stressniveau zu testen. Unter der folgenden Adresse können Sie innerhalb weniger Sekunden effektiv testen, wie gestresst Sie im Moment sind und inwiefern Sie Ihren Humor als Antistressmittel einsetzen und trainieren sollten: www.ecoglobe.ch/motivation/d/stresstest.htm.

### Humortipp 1: Sich täglich etwas Lustiges gönnen

#### Mein persönlicher Humorgeschmack

In Anlehnung an McGhee empfehle ich Lehrerinnen und Lehrern, zunächst einmal selbst herauszufinden und zu analysieren:

- Wie ist mein Humorgeschmack? Welchen Humorstil mag ich?
- Unterscheidet sich mein heutiger Sinn für Humor von meinem Sinn für Humor als Kind?
- War ich als Kind lustig oder ernst?
- Wie waren meine Eltern? Wie haben sie auf meinen Humor reagiert?
- Wer hat mich humorvoll beeinflusst?
- Wen habe ich für seinen Humor bewundert?
- Wo bin ich heute humorvoll (zu Hause, in der Schule, mit Freunden)?
- Was zeichnet meinen Humor aus?
- Wie wurde er beeinflusst?

- Was sagen Menschen, die mich gut kennen, über meinen Sinn für Humor?
- Welche TV-Sendung bringt mich zum Schmunzeln?
- Welcher Comedian bringt mich vor Lachen zum Weinen?
- Welche YouTube-Videos teile ich mit meinen Freunden?
- Was finden meine Freunde witzig und worüber haben sie zuletzt gelacht?
- Und vor allem: Machen Sie sich keine Gedanken, ob die anderen Kollegen dasselbe komisch finden wie Sie. Wenn es für Sie witzig ist, dann ist es witzig!

Sie erinnern sich? Jeder Mensch hat Sinn für Humor. Die Humorressource ist bei jedem Menschen angelegt, aber nicht jeder Mensch nutzt sie. Dass Sie Sinn für Humor haben, haben Sie schon bewiesen, als Sie sich zum Kauf dieses Buches entschlossen haben. Möglicherweise steht Ihnen Ihr Humor momentan nicht so leicht zur Verfügung, aber das kann sich durch die Beschäftigung damit schnell wieder ändern. Das verspreche ich Ihnen!

### Humorfenster

Bei meinem ersten Humortipp ist das Ziel, mindestens einmal am Tag zu lachen (oder zu lächeln). Das geht viel leichter, wenn ich mir täglich etwas Lustiges suche, als darauf zu warten, dass mich etwas zum Lachen bringt. Sie können selbst Einfluss nehmen auf die Lachhäufigkeit in Ihrem Leben.

Zunächst geht es darum, in seinem Alltag täglich ein kleines Humorfenster einzubauen. Wenn Sie im Auto sitzen, im Zug oder im Bus, dann beobachten Sie, was Sie humorvoll finden. Oder wenn Sie im Café sitzen und auf eine Verabredung warten. Statt sich zu ärgern, denken Sie an Ihr Humorfenster. Schauen Sie auf die Menschen um sich herum, beobachten Sie die Umgebung. Sie werden merken, das ist lustig und wirklich komisch. Es wird viel zum Schmunzeln dabei sein, oft sogar zum Lachen. Der berühmte Komiker Hape Kerkeling sagte einmal im Interview, wenn ihm der Stoff ausgeht, setzt er sich in ein Café, beobachtet Menschen und hört ihren Gesprächen zu – und schon fällt ihm neuer Comedy-Stoff ein. Das Schöne an den kleinen Humorfenstern ist, dass sie Freude machen und nicht zusätzliche Arbeit bedeuten. Wenn Sie im Stau stehen, dann lesen Sie Aufschriften auf LKWs oder beobachten Sie die anderen Fahrer. Allein das Zuschauen mit der Humorbrille bewirkt, dass Sie schmunzeln, wenn nicht sogar laut lachen müssen.

Beim Versuch meiner Frau, ein tägliches Humorfenster in ihren Schulweg einzubauen, kam es zu folgender Beobachtung: »Ich stand an einer Baustellenampel, es war Sommer und ich musste sehr lange warten. Alle Fensterscheiben waren offen. Ich versuchte mich nicht über die lange Wartezeit zu ärgern, was mir nur halbwegs gelang. Ich warf einen Blick durchs (Humor-)Fenster und sah neben mir auf dem Bürgersteig ein junges Pärchen mit Kinderwagen. Sie waren stehen geblieben, um den Sonnenschirm des Wagens so auszurichten, dass er etwas Schatten auf das Baby warf (dass dies ein vergebliches Unterfangen ist, da der Schirm nie richtig steht, weiß ich selbst noch aus der Zeit, als unsere Mädchen Babys waren und ich mit dem Schirm und der Sonne gekämpft habe). Der Typ fummelte am Schirm herum, seine Partnerin kritisierte das Ergebnis. Ein hochbetagtes Ehepaar kam vorbei und blieb neugierig am Kinderwagen stehen. Die ältere Dame sprach die junge Mutter an: ›Ach, was für ein hübsches Baby! Was ist es denn, Mädchen oder Junge? Was für ein süßes Mützchen! Ach, und schon so toll gewachsen. Stillen Sie? Ach, was für eine Freude, so ein Baby!‹ Der ältere Ehemann schwieg. Unterdessen hatte der Vater den Schirm gerichtet (ich war mir sicher, spätestens nach der nächsten Kurve passt es wieder nicht!), das Pärchen schickte sich an weiterzugehen. Die ältere Dame verabschiedete sich herzlich und drückte der jungen Mutter sehr anrührend ihre Hochachtung aus. Beim Weggehen drehte sich der ältere Herr noch einmal um und sprach seinen einzigen Satz. Er klopfte dem jungen Vater anerkennend auf die Schulter und sagte: ›Toller Kinderwagen!‹«

Manchmal hilft es, sich einen Knoten ins Taschentuch zu machen, um nicht zu vergessen, dass man auf Humorsuche ist. In Ihren täglichen Routinehandgriffen werden Sie sich unbewusst fragen, was an der Situation überraschend oder vielleicht sogar komisch ist. Sollten Sie tatsächlich nichts Lustiges in Ihrem Unterrichtsalltag entdecken können, dann drehen Sie doch den Spieß um. Fragen Sie sich. Wie könnte ich die Situation verändern, damit sie lustig wird? Damit ein Humorfenster daraus entsteht? Wenden Sie unsere Humortechniken für den Unterricht an. Nur im Machen passiert das Leben!

### Tägliche Humorportion

Suchen Sie sich jeden Tag etwas Lustiges aus professioneller Quelle. Professionelle Quellen können sein:

- Witzfilme
- Cartoons
- die Internetseite »Smiley des Tages«
- lustige YouTube-Filme usw.

Ich persönlich liebe und schätze als professionelle Humorquelle Witzebücher. Der Witz als kürzeste und präziseste Form von Literatur wird in Deutschland grandios unterschätzt. Ich liebe es, Witze zu sammeln (und natürlich von Berufs wegen auch zu erzählen). Da meine Familie diese Leidenschaft kennt, wird meine persönliche Toilettenwitzbibliothek an jedem Geburtstag erweitert. Der Gang zur Toilette erfreut sich auch bei unseren Gästen großer Beliebtheit.

Die bereits erwähnte Trainerin Vera Birkenbiehl empfiehlt, sich ein Witzebuch unter das Kopfkissen zu legen. Warum unter das Kopfkissen? Nun, für den Fall, dass Sie einen schlechten Tag hatten. Vielleicht waren Sie schon morgens spät dran, mussten zwei Vertretungsstunden halten, und der Abgabetermin für die Abiturvorschläge rückt immer näher? Wenn Sie dann abends feststellen müssen, dass Sie heute noch nicht gelacht haben, wird Ihnen das spätestens beim Zubettgehen bewusst, wenn Sie sich hinlegen und etwas Hartes unter Ihrem Kopf spüren. Greifen Sie sich für einen kurzen Augenblick Ihr Witzebuch. Lesen Sie ein paar Witze, vielleicht freut sich Ihr Ehepartner über einen besonders lustigen Witz gleich mit. Danach ist noch Zeit für den spannenden Krimi oder was auch immer sich aus dem gemeinsamen Lachen ergibt. Egal, alles besser, als unzufrieden einzuschlafen. Und Sie nehmen wieder selbst Einfluss auf Ihre Lachhäufigkeit, selbst an einem Tag wie diesem.

Mein Freund Eckart von Hirschhausen hat zusammen mit anderen Komikern mehrere Witze-CDs veröffentlicht. Zunächst belächelt, gab ihm der Erfolg recht. Die CDs finden großen Anklang. Als er mir die erste mit Helmuth Karasek schenkte, legte ich sie noch am Abend desselben Tages in mein Auto. Auf dem Weg zu meinen Auftritten genieße ich es, mir die Lieblingswitze der Komiker anzuhören. Mittlerweile ist eine vierte CD in dieser Reihe entstanden. Sie heißt: »Ist das ein Witz? Kommt ein Kind zum Arzt…« (Hirschhausen/Caspers 2017) und ist gefüllt mit Witzen von Kindern für Kinder. Bei der Produktion durften Marions Schüler aktiv mitwirken und übertrafen sich gegenseitig im Witzerzählen. Nicht nur für Pädagogen ein echter Spaß!

Auch Marion ist auf den Geschmack von Witzen gekommen. Als berufstätige Mutter von zwei Kindern nimmt sie sich aber nicht die Zeit, gemütlich auf der Toilette zu verweilen und Zeitung zu lesen (wir Männer sind da anders). Aber mal eben einen Witz lesen, das gönnt sie sich. Ihr persönlicher Favorit ist das Buch »Nenne drei Nadelbäume: Tanne, Fichte, Oberkiefer« von Lena Greiner und Carola Padtberg-Kruse.

Ihr Lehrer habt eigentlich viel zu lachen, wenn eure Schülerinnen und Schüler ihren Humor entfalten und dafür nicht einmal mit guten Noten belohnt werden.

### Humortagebuch

Wenn Sie es ernst meinen und Ihren Humor wirklich trainieren wollen, dann kommen wir jetzt zur Steigerung, dem Humortagebuch. Wenn man alte Tagebücher durchblättert, sind die voll beschriebenen Seiten oft wahre Jammerseiten. Mein Gegenvorschlag als Komiker lautet: Sammeln Sie Lustiges! Schreiben Sie Ihre Humorfensterentdeckungen auf! Notieren Sie sich den lustigen Witz, den der Kollege heute ausnahmsweise mal von sich gegeben hat. Werden Sie zum Humorentdecker und halten Sie es in Ihrem Humorbuch fest. Fragen Sie Ihre Familienmitglieder, was heute lustig war. In der Schule, im Job, beim Einkaufen.

Das birgt folgende Vorteile:

- Ihr Humorbuch enthält ausschließlich Witze, die Ihnen persönlich gut gefallen.
- Sie trainieren Ihre humorvolle Haltung, indem Sie die Witze aufschreiben.
- Sie konzentrieren sich auf das Lustige anstatt auf das Jammervolle.
- Sie behalten einen Witz durch Aufschreiben besser und können ihn anderen weitererzählen.
- Ihr Humorbuch wird zum persönlichen Schatzbuch, das Sie sich immer wieder mit einem Schmunzeln durchlesen können.

Marions Humorbuch entstand während der Arbeit an diesem Buch, motiviert durch den Gedanken, möglichst viele konkrete Humorbeispiele aus dem Schulalltag einzufügen. Geschichten aus ihrer Klasse, von Kolleginnen und von unseren Töchtern. Beim

Schreiben blätterte sie immer wieder in ihren Humoraufzeichnungen. Viele Geschichten hatte sie tatsächlich schon wieder vergessen und erfreute sich daran, sie zu lesen und noch einmal zu erleben. So wurde es zu einem persönlichen Schulschmunzeltagebuch. Eine Schatzkiste, die ich nur weiterempfehlen kann.

Über die Arbeit an diesem Buch hinaus hat sich ein Ritual in unserer Familie gehalten. Beim gemeinsamen Mittagessen fragen wir unsere Töchter nicht: »Was war in der Schule?«, sondern: »Was war heute lustig?« Tatsächlich entwickeln unsere Kinder dadurch ein Bewusstsein für Komik und erleben ihre Lehrer (hoffentlich) etwas lustiger.

Wenn Ihnen das Führen eines Humortagebuchs zu anstrengend erscheint, empfehle ich Ihnen Eckart von Hirschhausens Glückstrainingsseite: www.glück-kommt-selten-allein.de. Innerhalb von sieben Wochen trainieren Sie online Ihr Glück und führen nebenbei ein Glückstagebuch. Ein solches Glücksbuch ähnelt einem Humortagebuch sehr und lenkt Ihren Blick auf Positives im Schulalltag, auf kleine Lacher und Schmunzler im Klassenzimmer. Und wenn der Tag in der Schule so gar nichts zum Lachen geboten hat, fällt Ihnen vielleicht die Szene mit dem beeindruckten Kinderwagenopa an der Ampel wieder ein.

**Überblick: Sich täglich etwas Lustiges gönnen**

- Wie ist mein Humorgeschmack? Was finde ich lustig?
- Was beobachte ich Lustiges im Alltag?
- Welche Humorfenster habe ich entwickelt?
- Gönne ich mir täglich eine Portion Humor (Witzebücher, Filme...)?
- Führe ich ein Humortagebuch?
- Genieße ich meinen Sinn für Humor?

*»Der Humor ist der Regenschirm der Weisen.«* (Erich Kästner)

## Humortipp 2: Das innere Kind entdecken

Sie kennen bestimmt die Statistik: Kinder lachen rund 200 Mal pro Tag, Erwachsene hingegen nur zehn Mal. Ich bin mir sicher, dass Sie Ihre persönliche Lachquote bereits deutlich erhöht haben. Schließlich haben Sie mit unserem ersten Praxistipp begonnen, den Humor in Ihren Alltag zu integrieren. Bestimmt haben Sie erste Erkenntnisse über Ihre Humorvorlieben gewonnen.

Das Leben ist zu wichtig, um es ernst zu nehmen, sagte schon Oscar Wilde. Genau darum geht es uns. Die Arbeit in der Schule ist eine ernsthafte Angelegenheit. Sie als Lehrer haben eine große Verantwortung den jungen Menschen gegenüber. Sie sind wichtig, und Sie werden Ihre Schülerinnen und Schüler durch Ihre Persönlichkeit prägen. Um gut zu unterrichten, benötigen Sie viele ernsthafte Kompetenzen und Fähigkeiten. Ihre Professionalität kann aber durch Humor positiv ergänzt und beeinflusst werden.

Wenn ich an Pädagogischen Tagen die Teilnehmer bitte, so viele Assoziationen wie möglich zu ernsthaften Personen zu nennen, fallen positive wie negative Attribute: gründlich, gewissenhaft, belesen, tiefgründig, verlässlich, verbissen, perfektionistisch. Durch ein Zuviel an Ernsthaftigkeit laufen wir Gefahr, den Spaß und die Freude an der Sache zu verlieren. Es macht nicht viel Spaß, mit ernsthaften Kollegen zusammen zu sein, wenn diese die Freude an Schule und Unterricht verloren haben. Dann geht der Wert ihrer Ernsthaftigkeit und Gründlichkeit verloren.

An manchen Tagen drückt die Last der Enttäuschung schwer auf den Schultern meiner Frau; wenn zum Beispiel beim Freien Schreiben die Rechtschreibung ihrer Schülerinnen und Schüler wieder sehr »fantasievoll« ist. Dabei hat sie sich mit der Entwicklung von Rechtschreiben sehr ernsthaft beschäftigt, schon viel ausprobiert und evaluiert. Sie hat Fortbildungen besucht, Literatur gelesen, an Deutschfachkonferenzen teilgenommen. Innerhalb des Kollegiums hat sie auf Konferenzen Kurzvorträge gehalten und diese sehr gewissenhaft und ernsthaft vorgetragen. Dabei hatte sie nicht immer das Gefühl, etwas zu erreichen.

McGhee nennt als Heilmittel gegen Ernsthaftigkeit im Endstadium das Einnehmen einer spielerischen Haltung. Wenn ich neben meiner fachlichen Kompetenz auch verloren gegangene Freude und Spaß wiederentdecken kann, steigert sich meine Zufriedenheit und damit automatisch die meiner Schülerinnen und Schüler. Dabei soll nicht der Eindruck entstehen, dass der Ernsthaftigkeit keinerlei Raum gegeben wird. Es geht vielmehr darum, die Ernsthaftigkeit durch Humor zu ergänzen, denn der Humor ist eine ernste Angelegenheit. Ob ich den Humor dann in der jeweiligen Situation anwende oder nicht, kann ich selbst entscheiden.

Meine Frau wird wahrscheinlich keine Zaubermethode finden können, die all ihre Schülerinnen und Schüler zu sicheren Rechtschreibern macht. Sie kann sich nur immer wieder bemühen und offen sein für neue ernsthafte Studien und Methoden. Darüber hinaus geht sie zufriedener von der Schule nach Hause, wenn sie sich die angstfreie und fröhliche Atmosphäre in ihrer Klasse bewusst macht, in der die Kinder lernen dürfen. Auf lange Sicht wird diese Atmosphäre ihre Schülerinnen und Schüler mehr prägen als der Rechtschreibunterricht. In ihrem Kurzvortrag über Rechtschreibentwicklung hätte sie mit ein bisschen weniger Verbissenheit und Ernsthaftigkeit im Endstadium vielleicht mehr erreicht. Eine Prise Fröhlichkeit und Humor kann helfen, die Zuhörer emotional zu erreichen. Tatsächlich fällt es einem leichter, weniger ernsthaft und verbissen zu sein, wenn man sein eigenes inneres Kind wiederentdeckt.

### Entdeckertipps: Kinder beim Spielen beobachten

Wenn man Kinder beim Spielen beobachtet, kann man feststellen, wie völlig versunken sie in ihrem Spiel sind. Kinder haben diese Fähigkeit, vollkommen im Moment aufzugehen. Schon Erich Kästner sagte: »Nur wer erwachsen wird und ein Kind bleibt, ist ein Mensch.« Uns Erwachsenen fällt das schwer, denn wir können das Reflektieren nicht abstellen. Wir beobachten uns selber und bewerten unser Verhalten. Dieses Neben-Sich-Stehen steht uns buchstäblich dabei im Weg, ganz im Moment aufzugehen.

Meine Töchter liebten es, im Garten Pferd zu spielen. Sie selbst waren in diesem Augenblick Pferde, es gab für sie nur diesen Moment, nichts lenkte sie gedanklich ab. Erinnern Sie sich an das Achtsamkeitstraining? Machen Sie sich bewusst, wie viel Lebensqualität davon abhängt, wie ein Kind ganz im Moment aufzugehen. Spielerisch, neugierig, kraftvoll und oft auch humorvoll (Kinder lachen 200 Mal am Tag!). Lassen Sie sich von der Lebensfreude und der Intensität Ihrer Schülerinnen und Schüler wieder anstecken. Nehmen Sie selbst hin und wieder eine spielerische Haltung ein. Genießen Sie dabei Ihre Lebendigkeit und Lebensfreude! Jetzt findet das Leben statt – nicht morgen.

Während der unbeliebten Pausenaufsicht könnten Sie weniger die Zeit (Wann ist die Pause um?) im Auge behalten und stattdessen die Kinder beim Spiel beobachten. Dabei ist es ein großer Unterschied, ob Sie lediglich darauf achten, inwiefern sich die Kinder an die Regeln halten, oder ob Sie sich in Gedanken ganz auf ihr Spiel einlassen. Nicht bei jeder Aufsicht ist es notwendig, durch strenge Blicke schlimmes Fehlverhalten zu entlarven oder zu verhindern. Jede Pause, die friedlich verläuft, bietet Ihnen optimale Bedingungen, um die Kinder beim Spiel zu beobachten. Sie absolvieren Ihre Pausenaufsicht und trainieren Ihre Achtsamkeit. Dabei können Sie, wenn ausnahmsweise mal niemand verprügelt wird, viele Portionen Kinderlachen als Medikament gegen schlechte Stimmung genießen – und das ganz ohne Nebenwirkungen!

### Etwas Verrücktes tun

Eltern und Schule vermitteln den Kindern, dass sie vernünftig und ernst sein sollen, um es im Leben zu etwas zu bringen. Tatsächlich wird die Fähigkeit zu spielerischem Denken, Humor und Kreativität durch Blödelei und Spielerei trainiert. Wenn man diese Fähigkeit dann als Erwachsener benötigt, ist sie meist nicht mehr gut ausgeprägt. Um eine spielerische Haltung (zurück) zu gewinnen, dürfen Sie sich im Blödeln und Verrücktsein trainieren.

Ein besonderes Genie und Wunder an Kreativität war Wolfgang Amadeus Mozart. Zugleich war er ein begeisterter Anhänger der Blödelei. Ernst Stürmer zitiert in seinem Buch über die Lebenskraft Lachen aus einem Brief Mozarts an seine Cousine: »wir sind auch gott lob und danck recht gesund hund, ich habe heute den brief schief, von meinem Papa haha, auch richtig in meine klauen bekommen stommen. Ich hoffe sie werden auch meinen brief trief, welchen ich ihnen aus mannheim geschrieben, erhalten haben schaben.« Offensichtlich genoss Mozart das sinnlose Blödeln. Seiner Kreativität und Produktivität hat es mit Sicherheit nicht geschadet.

Ab und zu etwas Verrücktes tun, herumblödeln, mit Sprache und Worten spielen (»Litfass-Eulen«, »Konku-Bienen«, »Produz-Enten«…), das befreit das innere Kind in uns und entfesselt das Lachen. Hier eine kleine Auswahl, Ihrer Fantasie sind dabei keine Grenzen gesetzt:

- Machen Sie ein verrücktes Foto von sich selbst (mit Grimassen, kostümiert, wild geschminkt, an verrückten Orten).
- Legen Sie eine Liste mit kleinen Dingen an, die Ihnen Spaß machen, und tun Sie eins davon jeden Tag.

- Wenn Sie Kinder haben, spielen Sie mit ihnen. Tun Sie es jetzt, nicht später! Denken Sie dabei an Ihre Humorgesundheit.
- Nehmen Sie unsere Humortipps nicht zu ernst, nicht dass Ihnen noch vor lauter Bemühen das Lachen vergeht!

Während ich diese Zeilen schreibe, betteln unsere Mädchen darum, dass Marion mit ihnen auf das Trampolin in unserem Garten geht. Mit Erfolg: Marion hüpft und quietscht kurze Zeit später mit den Mädels. Dabei trainiert sie ihre spielerische Haltung und für einen kurzen Moment blitzt das innere Kind in ihr durch.

Zum Abschluss noch eine kleine Anekdote, die sie mir erzählt hat: »Während einer Pausenaufsicht kamen Kinder aus meiner Klasse auf mich zu. ›Frau Kaiser, wir haben einen Tattoo-Club gegründet. Schau mal, das sind unsere Tattoos, die wir im Angebot haben.‹ Sie zeigten mir vier DIN-A4-Zettel, die sie mit lustigen Motiven aus Filzstift gezeichnet hatten. Ich bewunderte ihre Tattoos und ließ mir die Motive erläutern. Die Kinder merkten, dass ihre Kreativität bei mir gut ankam, und fragten mich, ob ich nicht auch ein Tattoo haben möchte. Ihre Arme waren voll mit selbstgemalten Filzstift-Tattoos. Wie wir alle wissen, sind Filzstifte nicht geeignet, um sich damit die Haut zu bemalen. Abgesehen von allergischen Reaktionen lassen sie sich nur schlecht entfernen. Eigentlich hätte ich die Kinder sofort darüber aufklären müssen und ihnen den Gebrauch von Tattoo-Stiften anraten sollen. Stattdessen suchte ich mir das Kirsch- und das Herzmotiv aus. Die Kinder malten und freuten sich. Ich freute mich auch. Kam mit den Hautzeichnungen nach Hause, wo sie von meinen Töchtern freudig entdeckt wurden. Es war nur eine kleine Verrücktheit, aber sie hat mir und den Schülerinnen und Schülern gut getan.«

Getreu der Ernsthaftigkeit im Endstadium hat sie am nächsten Tag ausführlich mit den Kindern über die Gefahren des Filzstifts auf menschlicher Haut diskutiert.

Ich wünsche Ihnen viel Spaß beim Entdecken Ihres inneren Kindes! Gehen Sie aus sich raus, ich weiß, dass Sie da drin sind. Und vergessen Sie nicht: Kinder lachen 200 Mal pro Tag. Wäre doch gelacht, wenn wir das nicht auch hinkriegen!

**Überblick: Das innere Kind entdecken**

- Die Schule ist zu wichtig, um sie ernst zu nehmen (frei nach Oscar Wilde).
- Beobachten Sie während der Pausenaufsicht die Kinder beim Spielen.
- Trainieren Sie Ihre spielerische Haltung.
- Tun Sie täglich etwas Verrücktes.
- Pflegen Sie Ihr inneres Kind.

»*Es ist nie zu spät für eine glückliche Kindheit!*« (Milton Erickson)

## Humortipp 3: Gute Laune und Wertschätzung gewinnen

»Wenn du lächelst, übst du das Lächeln.
Wenn du grübelst, übst du das Grübeln.
Wenn du deine Meinung sagst, übst du deine Meinung zu sagen.
Und wenn du dich bemitleidest, übst du dich zu bemitleiden.«

So schreibt mein Freund, der Launologe Helmut Fuchs, gemeinsam mit seinem Kollegen Dirk Gratzel in dem Buch »Launologie« über die Möglichkeiten, seine Laune zu beeinflussen (Fuchs/Gratzel 2007, S. 41). Man kann nicht immer gute Laune haben. Doch man kann ernsthaft und zugleich humorvoll den Weg zu mehr guter Laune im Alltag finden.

### Das 60-Sekunden-Lächeln

Auch wenn Ihnen nicht zum Lächeln zumute ist, weil Sie einen anstrengenden Vormittag mit angekündigten Vertretungsstunden statt Freistunden und einem schwierigen Elterngespräch vor sich haben, können Sie Ihr Gehirn austricksen! Lächeln Sie für mindestens 60 Sekunden – idealerweise in einen Spiegel (außer wenn Sie gerade im Auto hinterm Steuer sitzen). Die mimische Funktion des Grinsens aktiviert bestimmte Nervenpunkte. Diese melden an Ihr Gehirn, dass gerade gelächelt wird. Das wiederum betrachtet Ihr Gehirn als unumstößlichen Beweis dafür, dass Fröhlichkeit und gute Laune vorhanden sind. Trotz kurzer Verwirrung aktiviert Ihr Gehirn das entsprechende Stimmungsprogramm, da es seine eigene Informationsverarbeitung nicht ignorieren kann. Es befiehlt den sofortigen Ausstoß von Glückshormonen. Das ist physiologisch messbar.

Das Ergebnis: Innerhalb von 60 Sekunden verbessert sich Ihre Laune spürbar und messbar! Das kann auch Nebenwirkungen haben, wie meine Frau mir berichtete: »Morgens auf dem Weg zur Schule habe ich im Auto das 60-Sekunden-Lächeln ausprobiert. Ein kurzer Blick auf die Uhr: Drei, zwei, eins, und los! Ich grinste. Es fühlte sich künstlich an. Blick auf die Uhr: Die Minute war noch nicht um. Ich grinste weiter, da kam mir das erste Auto entgegen. Am Steuer die Mutter einer ehemaligen Schülerin. Sie erkannte mich, ich grinste tapfer weiter (jetzt nicht aufgeben), sie lächelte mir zu (sonst lächelt die mich nie an) und fuhr weiter. Ich grinste. 60 Sekunden können lang sein. Plötzlich nehme ich aus dem Augenwinkel wahr, dass der gutaussehende Jogger auf der anderen Straßenseite mir zulächelt und freundlich winkt. Wahnsinn! Ich kann nicht anders. Ich fange an zu lachen. Echtes Lachen. Das anhält, bis ich im Lehrerzimmer bin und meiner Kollegin davon erzähle. Die 60 Sekunden sind längst um. Das hat sich gelohnt! Felix meint mittags beim Essen, dass damit die Lächel-Testphase im Auto doch wohl abgeschlossen sei. Ich könne das ja genauso gut im stillen Kämmerlein üben. Oder zumindest könnte man das Grinsen bei vorbeilaufenden Joggern ruhig kurz unterbrechen. Da bin ich mir aber nicht so sicher…«

### Launologische Gedankenstrategien für die Schule

Bei einer launologischen Grundhaltung (Helmut Fuchs) geht es darum, die Stöße des Lebens abzufedern, nicht sie zu verneinen. Dabei wird die gute Laune mit einem prall gefüllten Autoreifen verglichen. Der gut gefüllte Reifen kann einen scharfkantigen Bordstein gut überfahren. Der Stoß wird abgefedert. Der schlecht gefüllte Reifen wird vermutlich einen dauerhaften Felgenschaden verursachen.

Schlecht gelaunte Menschen sind nicht in der Lage, ihren Stimmungsreifen aufzupumpen. Sie sind dafür zu platt. Sie wirken gereizt und sind empfindlich. Gut gelaunte Menschen erleben den Bordstein als Herausforderung, den sie dank ihres Stimmungsreifens meistern können. Folgende Gedankenstrategien, angelehnt an Helmut Fuchs' Gute-Laune-Strategien, können Ihnen helfen, Ihre gute Laune in der Schule gewinnen zu lassen:

- An Freude denken: Ich denke an Menschen und Dinge, die mich fröhlich machen. Fachunterricht in einer fremden Klasse oder auch die eigene Klasse kann je nach Zusammensetzung sehr anstrengend sein. Die Gedanken kreisen um jene Schülerinnen und Schüler, mit denen die pädagogische Arbeit schwerfällt. Launologisch denken Sie bewusst an die Schülerinnen und Schüler, die Sie fröhlich machen und die sonst gerne aus Ihrem Blickfeld rücken. Dabei haben sie es verdient, dass Sie gerade auch an sie denken. Und es motiviert Sie für die Klasse.
- Vorausschauend: Ich male mir in Gedanken ein Ereignis aus, auf das ich mich freue.
  Auf dem Weg zum Klassenzimmer überlegen Sie, worauf Sie sich in der nächsten Stunde freuen. Ein Zeitungsartikel, ein Bilderbuch, eine Fernsehsendung, von der Sie berichten wollen, ein Spiel, das Sie auf einer Fortbildung kennen gelernt haben, irgendeine Kleinigkeit findet sich immer. Eine Kleinigkeit, die Ihnen persönlich wichtig ist oder die für eines der Kinder genau das Richtige ist.
- Konstruktives Denken: Ich schaue auf das, was gut ist, nicht auf die Schattenseiten.
  Sie versuchen sich vor Augen zu halten, was Ihre Schülerinnen und Schüler schon gelernt haben, nicht das, was sie noch nicht können. Wenn Sie zum Beispiel die Plakate anschauen, die Ihre Schüler in eigener Lernzeit für ihre Projekte entwickeln, fallen Ihnen vielleicht die Rechtschreibfehler besonders ins Auge. Dabei verlieren Sie aus dem Blick, was es Positives auf dem Plakat zu sehen gibt. Launologisch konzentrieren Sie sich bewusst auf die Begeisterung und Leidenschaft, mit der die Schüler das Plakat gestaltet haben. Mit welchem Forschungseifer sie zum Beispiel über das Thema »Unser Herz« geschrieben haben. Die Rechtschreibfehler müssen Sie korrigieren, aber nicht überbewerten.
- Innerer Dialog: Ich konzentriere mich auf meine Erleichterung, dass nicht schlimmere Situationen eingetreten sind.
  Nach einer anstrengenden Unterrichtsstunde versuchen Sie erleichtert daran zu denken, was Schlimmeres vermieden wurde. Sie haben zwar die komplette Dreivier-

telstunde damit verbracht, im Fachunterricht Musik für Disziplin zu sorgen, aber immerhin ist niemand über Tische und Bänke gegangen.

- Akzeptieren: Ich katastrophiere nicht und erlaube es mir, mich auch mal schlecht zu fühlen.
  Im Lehrerzimmer ist es sehr verführerisch, mit den Kollegen über die schwierigen Schülerinnen und Schüler, die mangelnde Leistungsbereitschaft und das verrohende Sozialverhalten bis hin zu Wohlstandsverwahrlosung zu schimpfen. Es fällt leicht, sich in einen bildungstechnischen Weltuntergang hineinzusteigern. Tatsächlich ist es schwer, unter den heutigen Schulbedingungen zu unterrichten. Es ist verständlich und in Ordnung, immer mal wieder innerlich zu verzweifeln. Aber klopfen Sie sich auch gerne mal selber auf die Schulter. Unter den heutigen Umständen ist der Lehrerberuf kein Zuckerschlecken. Sie versuchen es immerhin! Und Schwierigkeiten sind auch immer eine Herausforderung!
- Entspannung: Ich lasse die Seele baumeln und relaxe konsequent.
  Während der Ausbildung im Referendariat waren Sie vermutlich schon nach drei Unterrichtsstunden völlig erschlagen und hätten täglich in einen komatösen Mittagsschlaf fallen können. Mit zunehmender Routine und Erfahrung haben Sie das nicht mehr immer nötig. Vielleicht fällt es Ihnen sogar schwer, beim Relaxen abzuschalten oder einzuschlafen. Trotzdem tut es gut und stärkt Ihre Nerven, wenn Sie konsequent relaxen, bevor der Wirbel weitergeht. Ausgeruht und mit gestärkten Nerven hebt sich Ihre Laune und somit Ihr Stimmungsbarometer.

Vielleicht findet sich die eine oder andere Gedankenstrategie, die Ihre Laune hebt, die Sie für Ihre Arbeit wieder motiviert oder die Sie im Humorfeldzug gegen schlechte Laune unterstützt. Denken Sie daran: Das Training der guten Laune ist die bei weitem angenehmste Form der Arbeit an uns selbst!

### Loben und Komplimente

Dopamin ist ein wichtiger Botenstoff unseres Gehirns. Laut Spitzer hat es unter anderem die Aufgabe, die Dinge und Ereignisse um uns herum zu bewerten und damit zu entscheiden, welche Bedeutung sie für uns haben. Dank des Dopamins stellen wir fest, was gut für uns ist oder auch besser, als wir es erwartet haben. Dadurch treibt es uns an und bestimmt unsere Handlungen. Bekanntlich kann die Ausschüttung von Dopamin in unserem Gehirn sogar süchtig machen.

Ein Lob, ein Kompliment, ein netter Blick oder auch nur ein nettes Wort führt zur Ausschüttung von Dopamin. Welch ein Schatz! Welch ein Reichtum bietet sich auf so einfache Art und Weise. Dabei geht es nicht um Schmeichelei oder Lobhudelei. Durch ehrliche Komplimente erkenne ich die Leistung oder positive Eigenschaft eines anderen Menschen an. Ich konzentriere mich auf das Positive und trainiere meinen Blick auf die guten Seiten meiner Kollegen oder auch meiner Schülerinnen und Schüler. Dieses positive Denken fördert wiederrum mein eigenes Wohlbefinden. Es stärkt meinen Optimismus und meine Zuversicht. Es ist lohnend darüber nachzudenken, wie es mit den eigenen Komplimenten bestellt ist. Eine Krankenschwester verriet mir bei einem meiner Workshops, dass sie einem Patienten, der sich bei seiner Entlassung herzlich bei ihr bedankte, die Antwort gab: »Dafür werde ich doch bezahlt.« Damit machte sie dem Schenkenden sein Kompliment und auch sich selbst klein. Viel fröhlicher wäre die Antwort gewesen: »Freut mich, dass Sie das so sehen!« In meinen Workshops arbeite ich mit einer Komplimente-Übung, die bei den Teilnehmern immer auf positive Resonanz stößt, da es sich neu und ungewohnt, aber gut anfühlt, Komplimente zu bekommen.

Je optimistischer und zuversichtlicher ich bin, desto leichter kann ich befreit auflachen und den Widrigkeiten des Alltags mit Humor begegnen. Je mehr ehrliche Komplimente ich gebe, desto mehr Freude und Fröhlichkeit empfange ich. Die Lachyoga-Bewegung hat zur Erinnerung an das Loben den Montag als Tag des Kompliments eingeführt.

Vor kurzem hat sich die Lehrerin einer unserer Töchter am Ende des Elternabends bei meiner Frau für die Weihnachtskarte bedankt, die sie ihr geschrieben hatte. Sie sagte, sie hätte sich sehr über ihr positives Feedback gefreut. Neben meiner Frau stand eine befreundete Mutter. Spontan mischte sie sich in das Gespräch ein und meinte: »Ja, das kann Marion toll, Komplimente machen. Das geht runter wie Öl!« Alle lachten. Durch ihr Lob bekam meine Frau indirekt ein großes Lob zurück. Tatsächlich fällt es ihr leicht, andere zu loben. Nicht nur montags. Aber die gesamte Schulwoche fühlt sich einfach leichter an, wenn Sie schon montags damit anfangen!

### Gute-Laune-Box

Sinn für Humor braucht gute Laune. Nachdem Sie erfolgreich die Gute-Laune-Gedankenstrategien umgesetzt haben, Ihre Kollegen und Schüler mit Lob und Komplimenten überschüttet haben, kurz: nachdem sich Ihr Schulalltag sicherlich deutlich, wenn nicht sogar dramatisch verbessert hat, sind Sie jetzt bestimmt in der Lage, Ihre lustigen und fröhlichen Gemütszustände innerlich zu sammeln. Ihre persönliche Sammlung an Situationen mit guter Laune und Humor ist unendlich erweiterbar und kann regelmäßig betrachtet werden, um sich an ihr zu erfreuen.

Glücksforscher werden noch konkreter. Sie raten, sich eine persönliche Gute-Laune-Box anzulegen. Diese Box kann mit Kleinigkeiten gefüllt werden, die Ihnen persönlich gute Laune bereiten und Ihnen ein Lächeln auf das Gesicht zaubern. Angeregt durch Ernst Stürmers Buch »Lebenskraft Lachen« haben wir uns eine Gute-Laune-Box angelegt, deren Inhalt stetig wächst:

- Lieblingsfotos aus unseren Sommerurlauben
- persönlich wichtige Briefe und Karten
- getrocknete Rosenknospen aus Sträußen, die ich meiner Frau geschenkt habe
- Babyfotos unserer Mädchen (das erste Lächeln)
- das erste Paar Schuhe unserer großen Tochter
- eine Clownsnase
- ein Stein von unserer ersten Gipfeltour zu viert

- ein Flyer von meinem ersten Soloprogramm
- Konzertkarten für Grönemeyer
- nette Briefe von Schülern oder dankbaren Eltern
- ein Kaleidoskop, das mein Schwager in seiner Trauansprache bei unserer Trauung verwendete (leider habe ich vergessen, wofür es stand, aber das schadet der Ehe hoffentlich nicht, denn das Durchschauen macht trotzdem Freude)

Wie würde Ihre Gute-Laune-Box aussehen? Was sind Ihre persönlichen Glücksmomente? Es lohnt sich, sie zu sammeln. Wenn Sie dann trotz unserer Humortipps die Stimmungsflaute überkommt, kramen Sie schnell in der Box, um sich daran zu erfreuen, was Sie schon alles Schönes erlebt haben. Am besten genießen Sie dabei eine leckere Tasse Kaffee oder Tee, denn auch Essen und Trinken machen gute Laune und lenken von negativen Gedanken ab. Gleichzeitig stärken Sie Ihre emotionale Widerstandskraft und Ihren Sinn für Humor. Denken Sie daran: Wenn Sie lächeln, üben Sie das Lächeln! Vielleicht lächelt auch bei Ihnen das nächste Mal ein hübscher Jogger oder eine hübsche Joggerin am Straßenrand.

**Überblick: Gute Laune und Wertschätzung gewinnen**

- Gute Laune entsteht durch ein Lächeln in 60 Sekunden.
- Gute Laune lässt sich durch Gedankenstrategien beeinflussen.
- Verteilen Sie ehrliche und wertschätzende Komplimente.
- Wertschätzung wird zum Wegbereiter des Humors.
- Legen Sie sich für dunkle Tage eine Gute-Laune-Box an.

*»Ein Optimist weiß genau, wie traurig die Welt sein kann, während es ein Pessimist allmorgendlich neu herausfindet.«* (Peter Ustinov)

## Humortipp 4: Die Nähe von humorvollen Menschen suchen

Lachen ist ansteckend. Kaum eine andere Emotion ist so ansteckend wie Freude und Heiterkeit. Manchmal verläuft die emotionale Ansteckung sehr schnell und unbewusst, sodass sie auch funktioniert, wenn man eigentlich gerade traurig ist. In der Psychotherapie wird Humor als Heilmittel gegen Depression bereits seit längerem erfolgreich eingesetzt. Die Erkenntnis, dass Humor eine positive Kraft ist, die man bewusst einsetzen kann, ist in deutschen Bildungseinrichtungen noch nicht angekommen. Es wird Zeit.

Um als Lehrer seine Humorfähigkeit zu trainieren, genügt es bereits, sich im Lehrerzimmer in die Nähe von humorvollen Menschen zu begeben. Wahrscheinlich machen Sie das schon automatisch, ohne sich über den Humorfaktor bewusst zu sein. Dabei müssen Sie nicht selbst aktiv werden, sondern dürfen vom Humor des Kollegen passiv profitieren. Was zeichnet den humorvollen Kollegen aus?

Humorvolle Menschen mögen andere Menschen. Angelehnt an Helmut Fuchs' Launologen könnte man sie auch Humorologen nennen. Sie sind meist offene und tolerante Persönlichkeiten. Ihre Lebensstrategien sind optimistisch und konstruktiv. Trifft man auf sie, so begegnen sie einem freundlich und interessiert. Andere Anschauungen werden von ihnen angehört und respektiert. Humorologen sind keine Moralisten und streiten nicht gern. Und wenn doch, dann ist ihr Humor ihre stärkste Waffe. Es lohnt sich, ihre Nähe zu suchen. Ihr Humor ist ansteckend, und man beginnt darüber nachzudenken, ob man nicht selbst zum Humorologen werden möchte. Das ist nicht schwer. Denken Sie daran, jeder Mensch hat Sinn für Humor. Wenn Sie lieber gestresst und angestrengt bleiben wollen, dann legen Sie unser Buch besser weg. Wenn es Ihnen liegt, über die schlimmen Zustände in unseren Schulen zu jammern und sich darüber aufzuregen, dann ist die Humorologie nichts für Sie. Da Sie sich aber bereits für den Kauf des Buches und somit für den Einzug von Humor in unsere Bildungseinrichtungen entschieden haben, stehen die Chancen gut, dass Sie Lust haben, Ihren Humor zu trainieren und selbst zum Humorologen zu werden.

Humorologen, da fallen einem Kollegen ein, auf die das zutrifft. An manchen Tagen fehlt Ihnen vielleicht die Kraft und die innere Energie, die Schülerinnen und Schüler nerven, Sie sehen nur Misserfolge und hören sich eine moralische Standpauke nach der anderen halten. Angeregt durch diesen Humortipp können Sie an solchen Tagen in der Pause ganz bewusst die Nähe von humorvollen Kollegen suchen. Denken Sie nicht daran, was Sie auf die Schnelle noch alles organisieren, kopieren und erledigen können. Lassen Sie sich vom Lachen der Kollegen berieseln und anstecken. Genießen Sie dann, angesteckt durch deren Lachen, ganz bewusst Ihr eigenes Lachen, Ihren Chairos, Ihre emotionale Heimat. Dadurch tanken Sie Kraft auf, die Sie aus sich selbst manchmal nicht schöpfen können, an Tagen wie diesen.

### Tipps gegen Launeverderber

In meinen Workshops werde ich oft gefragt: »Herr Gaudo, das ist ja alles toll und überzeugend, wie sehr man seine Humorfähigkeit trainieren kann, aber was mache ich, wenn es in meinem Kollegium einen Miesepeter gibt, der jede gute Laune killt und immer alles nur negativ findet?« Tatsächlich sind Missmut und Depression auch ansteckend. Es gilt, sich davor zu schützen. Nur 17 Prozent der Deutschen sind mit ihrem Leben zufrieden. Werden Sie nicht Teil der großen Mehrheit, indem Sie sich von der schlechten Laune anstecken lassen.

Eine Kollegin, die mit ihrer negativen Sichtweise die Stimmung vergiftet, werden Sie nicht ändern können. Je älter die Kollegin ist, desto weniger werden Sie bei einem Therapieversuch erfolgreich sein. Man muss sich innerlich von dem Impuls verabschieden, etwas daran ändern zu können oder gar den pessimistischen Kollegen von etwas Positivem zu überzeugen. Deswegen rät Helmut Fuchs im Umgang mit solchen Kollegen, sich auf sich selbst zu konzentrieren. Wenn ich mir bewusst mache, dass ich es mit einem Gefühlsterroristen zu tun habe, ist das schon die halbe Miete. Die andere Hälfte ist die eigene entspannte Heiterkeit. Meine eigene Fröhlichkeit kann den

Miesepeter in seinem Missmut isolieren. Sprühen Sie Ihr Heiterkeitsgegengift, und der Launeverderber verliert an Wirkung. Durch gezielte Fröhlichkeit bieten Sie dem Missmut Einhalt, im besten Fall drängen Sie ihn zurück.

Wir alle kennen Nachbarn oder Kollegen, die nie grüßen oder nur schlecht gelaunt grüßen. Ich kann mich darüber ärgern und anfangen, sie genauso zu behandeln. Dabei lasse ich mich aber von ihrem Missmut anstecken und erlebe bei jeder Begegnung den Groll von neuem. Lasse ich mich dagegen nicht ein und grüße trotzdem jedes Mal freundlich, so bleibe ich frei von ihrem Einfluss und kann meine gute Laune über solche Momente hinüberretten.

Je kleiner ein Kollegium ist, desto schwieriger wird es, sich einem Stimmungsverderber zu entziehen. Umso wichtiger ist es, sich davor zu schützen. Sich selbst zu beobachten. Sich zu fragen: Zieht sich bei mir im Magen alles zusammen, wenn ich dem Kollegen begegne? Versuche ich ihm aus dem Weg zu gehen und bin dadurch unfrei? Versuche ich ihn zu überzeugen und habe ich jedes Mal das Gefühl zu scheitern? Je klarer ich mir über meine eigenen Gedanken werde, desto weniger Macht haben sie über mich. Je weniger ich auf den permanenten Bedenkenträger eingehe, desto wortkarger wird er. Und das Überzeugen-Wollen können Sie zu Ihrem eigenen Schutz völlig aufgegeben.

Wappnen Sie sich mit guter Laune. Werden Sie selbst zum Humorologen, dann haben Gefühlsterroristen weniger Chancen. Die gute Nachricht: Humorologen sind auf dem Vormarsch. Humorvolle Menschen mag jeder. Die Jahre der Stimmungstrübsal in deutschen Lehrerzimmern sind hoffentlich gezählt, denn Humor macht attraktiv und erfolgreich. Stellen Sie sich neben einen humorvollen Kollegen und lassen Sie sich anstecken. Die Ansteckungsgesundheit Humor wird ihren Weg finden und die Stimmungshoheit zurückerobern!

**Überblick: Nähe von humorvollen Menschen suchen**

- Nutzen Sie die Pause, um Stimmung aufzutanken.
- Setzen Sie sich zu den humorvollen Kollegen.
- Versprühen Sie Heiterkeit gegen schlechte Laune.
- Werden Sie selbst zum Humorologen.

»*Was die Seife für den Körper, ist das Lachen für die Seele.*« (Jüdisches Sprichwort)

## Humortipp 5: Witze und lustige Anekdoten erzählen

### Goldene Regeln zum Witze erzählen

Am Eingang zum Himmel befinden sich zwei Tore. An einem Eingang steht ein Schild: »Für Männer, die von ihren Frauen bevormundet wurden!« Am anderen Eingang steht: »Für Männer, die NICHT von ihren Frauen bevormundet wurden!« Vor dem ersten Tor steht eine riesige Schlange von Männern. Vor dem zweiten Tor nur einer. Petrus sieht den Mann, geht auf ihn zu und fragt: »Mein Sohn, warum stehst du ausgerechnet ganz allein vor diesem Tor?« Der Mann antwortet: »Das weiß ich auch nicht so genau. Meine Frau hat gesagt, ich soll mich hier anstellen...«

Liebe Leserinnen und Leser, das ist er, mein momentaner Lieblingswitz! Ich liebe es, ihn zu erzählen, und unter uns gesagt, bei den Kolleginnen meiner Frau kam er besonders gut an. Woran das wohl liegt? Viele Leute glauben, sie könnten keine Witze erzählen und sich auch keine merken. Das stimmt nur so lange, bis man anfängt zu üben. Witze zu erzählen und sich zu merken ist eine reine Frage des Trainings. Kommen Sie aus Ihrer Komfortzone heraus und probieren Sie es!

Witze zu erzählen und damit seine Humorfähigkeit zu trainieren hat viele Vorteile. Witze sind kurz und man kann sie schnell lernen. Indem ich trainiere, Witze zu erzählen, trainiere ich gleichzeitig meine Fähigkeit, auch in schwierigen Situationen mit einer humorvollen Bemerkung zu reagieren. Darüber hinaus übe ich, mit Witzen eine Geschichte zu verdichten, also auf den Punkt zu bringen. Zugleich trainiere ich mein Gefühl für Timing und Pointe.

Dabei ist es ein Unterschied, ob man einen Witz nur liest oder auch hört. Das verwundert nicht, denn die Stimme ist Träger von Emotionen und kann eine Stimmung besser transportieren als das geschriebene Wort (Ullmann 2008, S. 24). Also lohnt es sich, Witze zu sammeln und zu erzählen. Gesammelt haben Sie ja sicherlich schon etwas in Ihrem Humortagebuch! Wenn nicht, wäre jetzt ein günstiger Moment, um damit anzufangen. Idealerweise beginnt man beim Üben mit einem Witz, den man selbst wirklich witzig findet. Allein die Suche danach wird Ihre Humorfähigkeit stärken. Vielleicht erinnern Sie sich an die Witzebücher auf der Toilette? Werfen sie doch einmal einen Blick hinein (also in die Bücher!). Oder suchen Sie in Ihrer Lieblingsbuchhandlung das Humorregal. Das gibt es in jedem Buchladen. Vielleicht haben Sie einen Moment Zeit zum Schmökern und begeben sich auf die Suche nach Ihrem persönlichen Lieblingswitz. Lassen Sie sich Zeit bei der Auswahl, denn mit diesem Witz werden Sie Ihre Humorfähigkeit aktiv trainieren.

Gerade Frauen neigen dazu zu denken: Ich kann keine Witze erzählen, denn ich kann mir keine Witze merken! Dagegen helfen die folgenden einfachen Regeln zum Witze erzählen:

- Die Pointe merken
  Wenn Sie Sorge haben, dass Sie sich einen Witz nicht merken können, dann prägen Sie sich in erster Linie die Pointe ein. Sie ist das Wichtigste, das Ziel, auf das es hinausläuft, der Moment des erlösenden Verstehens, auf den das Lachen folgt. Wenn man sich die Pointe gemerkt hat, lässt sich der Rest meist problemlos rekonstruieren.
- Am Telefon testen
  Legen Sie sich Ihren Lieblingswitz neben das Telefon. Beim Telefonieren fällt er Ihnen ins Auge und Sie können ihn bei passender Gelegenheit erzählen. Dabei haben Sie keinen Merkstress und können testen, wie der Witz ankommt.

- Im Familien- oder Freundeskreis üben
  Ungeübte Witzeerzähler sollten zunächst im vertrauten Kreis üben und sich ausprobieren. Hier fühlt man sich sicher, und die Gefahr, sich zu blamieren, ist gering, selbst wenn man die Pointe vergisst.
- Erzählen ohne Ankündigung
  Erzählen Sie einen Witz, ohne vorher anzukündigen, dass Sie jetzt einen Witz erzählen. Dadurch haben Ihre Zuhörer nicht die Erwartung, dass sie gleich lachen werden, und sind umso freudiger überrascht, dass es etwas zu lachen gibt.
- Nicht den Mut verlieren
  Wenn Sie sich getraut haben und das Lachen der Zuhörer hinter Ihrer Erwartung zurückbleibt, verlieren Sie nicht den Mut! Denken Sie daran: Humorforscher, die ihren Probanden Witze vorlegen, freuen sich bereits über eine Ausbeute von 33 Prozent. Das heißt, wenn jeder Dritte den Witz lustig fand! Also, dranbleiben und nicht aufgeben!

Witze erzählen ist wie Klavierspielen, man lernt es nur, indem man es tut.

### Lustige Anekdoten

»Wenn Schüler über Gott und die Welt philosophieren, wird es in der Schule erst richtig schön. Auch im stressigen Referendariat gibt es Momente, die es verdienen, festgehalten zu werden.« Diese Widmung schrieb eine enge Freundin und Weggefährtin meiner Frau ins Tagebuch. Das Buch sollte gefüllt werden mit lustigen Anekdoten und Situationen in der Schule, damit meine Frau sie für immer in Erinnerung behalte. Tatsächlich wurden über die Jahre die Seiten gefüllt. Lustige Fotos, liebe Briefe von Eltern und Kindern, niedliche Zitate (»Gib mir den Stift, Frau Kaiser!« »Wie heißt das Zauberwort?« »Äh, Simsalabim?«). Seit wir selbst Kinder haben, kommt sie selten dazu, es weiter zu befüllen. Aber dafür kommt sie vermehrt zum Erzählen. Unsere Töchter lieben es, wenn meine Frau lustige Anekdoten von ihren Schülerinnen und Schülern erzählt.

Folgende Anekdote, die sich nach Schulschluss abspielte, gibt sie immer wieder gerne zum Besten: »Es war Sommer, es klingelte zur Pause und die Kinder rasten nach draußen, ich war gerade dabei, meine Tasche zu packen. Einer meiner Schüler, Peter, ein handfester und kerniger Junge, kam zurück in die Klasse und sagte: ›Frau Kaiser, auf dem Schulhof liegt eine tote Amsel und die anderen spielen mit der!‹ Ich musste ins Lehrerzimmer, da ich noch ein Elterngespräch hatte, und sagte nach kurzem Zögern: ›Peter, sei so gut. Du bist doch fit und groß. Nimm die Kehrschaufel, schieb die Amsel vorsichtig darauf und leg sie dann in die Biotonne.‹ Peter sauste los und freute sich darüber, wie viel Verantwortung ich ihm zutraute. Im Lehrerzimmer angekommen sah ich, dass die Eltern noch nicht da waren. Ich beschloss, bei der Vogelaktion nach dem Rechten zu sehen, dann könnte ich die Eltern ja auf dem Schulhof abpassen. Als ich rauskam, sah ich die Kinder zum Hoftor rennen und hörte wie sie riefen: ›Herr Pfarrer, hier ist eine tote Amsel auf dem Schulhof!‹ Der Geistliche blieb sofort stehen und rief: ›Oh, die arme Amsel! Ich komme Kinder!‹

Mir schwante nichts Gutes. Ich zog mich in einen hinteren Winkel zurück, niemand hatte mich bemerkt. Ohne etwas zu sehen, hörte ich, wie eines der Kinder sagte: ›Der Peter will sie in die Biotonne tun!‹ Oh je, dachte ich, das läuft nicht gut. Ich hielt den Atem an und wartete ab. Aus dem Augenwinkel sah ich die Eltern kommen. Jetzt schnell ins Lehrerzimmer und gar nicht erst mitkriegen, wie der Herr Pfarrer reagiert. Aber da hörte ich ihn schon entrüstet fragen: ›In die Biotonne? Wer hat dir denn das gesagt, mein lieber Peter?‹ Oh nein, Peter, sag es bitte nicht! Bitte nicht!, dachte ich inständig. Laut und deutlich schmetterte Peter über den Schulhof: ›Die Frau Kaiser hat mir gesagt, ich soll sie in die Biotonne tun!‹ ›Was? Nein! Liebe Kinder, die Amsel ist ein Geschöpf Gottes! Kommt, wir gehen in den Pfarrgarten und beerdigen sie. Wir machen ihr ein schönes Grab und beten ein kurzes Gebet.‹ Begeistert schwirrte die Truppe ab in Richtung Pfarrgarten.

Schon in dem Moment war mir klar, dass ich gerade nicht viele Punkte bei unserem Geistlichen gesammelt hatte. Wie schlimm es tatsächlich um meine Seele stand, merkte ich aber erst ein paar Wochen später. Meinen Kolleginnen erzählte ich am nächsten Tag von dem Vorfall und erntete dafür Geschmunzel und lustige Sprüche.

Einige Wochen später, beim Schuljahresabschlussgottesdienst, saß ich mit meinen Kolleginnen in der letzten Reihe der Kirchenbänke. Alles verlief wie immer, alle freuten sich auf die Ferien, die Kinder sangen, es wurde geklatscht. Dann kam das Fürbittengebet. Ich versuchte in mich zu gehen, da hörte ich, wie der Pfarrer die Worte sprach: ›Und wir bitten dich Herr für diejenigen unter uns, die keine Ehrfurcht vor deiner Schöpfung haben und eine tote Amsel in eine Biotonne legen: Öffne ihre Herzen, dass sie deine Schöpfung erkennen und bewahren.‹

Die restlichen Fürbitten gingen im Feixen und Kichern der Kolleginnen unter. Ich wäre auch nicht mehr in der Lage gewesen, weiter konzentriert zuzuhören. Soeben hatte ich erfahren, wie schlecht es um mein Seelenheil bestellt war. War das gerade wirklich passiert oder war ich in einem schlechten Film? Innerlich geprügelt verließ ich den Gottesraum. Beim traditionellen Sommerferien-Glas-Sekt im Lehrerzimmer gab es viel zu lachen, vor allem auf meine Kosten.

Ein halbes Jahr später, Weihnachtsfeier in unserer Schule, da ehrte unser Pfarrer einen Schüler mit den Worten: ›Du hast dich besonders um Gottes schöne Schöpfung bemüht und nie ein totes Tier weggeschmissen, dafür bekommst du meinen Umweltpreis: ein Buch über Amseln!‹ Ungelogen, genau so war es!

Ein halbes Jahr später wurde abermals im Gottesdienst für diejenigen unter uns gebetet, die keine Ehrfurcht vor der Schöpfung haben. Die Gesichter meiner Kolleginnen kann man sich vorstellen. Im Schulgottesdienst wird mir noch heute heiß und kalt, wenn der Pfarrer die Fürbitten ankündigt. Doch seitdem bin ich verschont geblieben. Als gute Protestantin gebe ich mir ja inzwischen auch die größte Mühe, die Sache mit meinem Seelenheil herumzureißen. Jedes tote Tier wird inzwischen ordnungsgemäß beerdigt. Der Insektenfriedhof unseres Schulhofes wächst und gedeiht bis heute, sehr zur Freude der Kinder. Das Ganze ist jetzt auch schon Jahre her. Ich hoffe, mittlerweile ist Gras über die Amsel gewachsen.«

Gute Witze kennt nicht jeder, kann sich nicht jeder merken oder traut sich nicht jeder zu erzählen. Aber lustige Anekdoten erleben Lehrer täglich. Das müssen nicht immer besonders humorvolle Erlebnisse wie tote Amseln in der Biotonne sein. Das Wichtige beim Anekdoten erzählen ist nicht die Anekdote selbst, sondern die Beziehung zu meinen Zuhörern. In meinem Beruf ist es das Publikum, in Ihrem Beruf sind es die Kollegen. Wenn die Beziehungsebene stimmt, muss der Kern der Anekdote nicht immer eine hundertprozentige Pointe sein. Das Erzählen selbst pflegt die Beziehung und damit auch den Humor. Es ist befreiend, kleine fröhliche Erlebnisse mit anderen zu teilen, und lenkt Ihren Blick auf das Komische im Berufsalltag. Im Laufe der Zeit wird es Ihnen immer leichter fallen, auf Humor im Alltag aufmerksam zu werden und witzige Ereignisse zu bemerken.

Im Gegensatz zum Witze erzählen erwartet dabei auch keiner, dass er gleich lachen wird. Umso dankbarer und herzlicher ist das Gelächter, das Sie ernten, ohne dabei ein Risiko einzugehen! Warten Sie nicht darauf, dass die Schule von alleine zu einem Ort der Fröhlichkeit wird. Nehmen Sie Ihr Humorschicksal selbst in die Hand und erzählen Sie von Ihren lustigen Anekdoten. Oder merken Sie sich die Pointe meines Lieblingswitzes (»Ich weiß auch nicht, meine Frau hat mir gesagt, ich soll mich hier anstellen…«) und probieren Sie ihn aus!

**Überblick: Witze erzählen**

- Suchen Sie sich einen Lieblingswitz.
- Üben Sie sich im Witze erzählen.
- Beachten Sie die fünf goldenen Regeln des Witze Erzählens: die Pointe merken, am Telefon testen, im Familien- oder Freundeskreis üben, Erzählen ohne Ankündigung, nicht den Mut verlieren.
- Trainieren Sie damit Ihre Fähigkeit, auch in schwierigen Situationen humorvoll zu reagieren.
- Erzählen Sie lustige Anekdoten aus dem Schulalltag weiter.

»*Am Ende ist alles ein Witz.*« (Charlie Chaplin)

## Humortipp 6: Über sich selbst lachen können

Über sich selbst lachen zu können, über seine eigenen Schwächen, Fehler und Missgeschicke, fällt sehr schwer. Wer dazu in der Lage ist, genießt allerdings meist hohes Ansehen. Über sich selbst lachen zu können gilt als Zeichen von Selbstbewusstsein und Souveränität. Sicherlich ist dieser Humortipp einer der schwierigsten in unserer Humorskala. Übertroffen wird er im Schwierigkeitsgrad nur noch vom siebten und letzten Tipp: »Bei Stress nicht den Humor verlieren«. Aber ich bin mir sicher, dass Sie durch das Lesen und Ausprobieren der bisherigen Tipps bereits auf dem Weg zum Humorologen sind und wage mich deshalb daran, Ihre Humorfähigkeit noch etwas zu steigern. Sie können durch Ihr Training sicherlich schon auf ein gutes Humorpolster zurückgreifen. Wenn nicht, dann überblättern Sie einfach die nächsten Seiten und lassen Sie die Tipps 6 und 7 aus. Aber bedenken Sie: Shit Happens. Es kann immer mal etwas schiefgehen, gerade auch vor der Klasse. Wäre es nicht lohnend, damit locker, sicher und humorvoll umgehen zu können? Ja? Dann wird Sie dieser Tipp besonders interessieren.

Einer Kollegin meiner Frau ist einmal ein echter Fauxpas passiert. Es war an einem Dienstagabend, Kolleginnen und Kollegen aus allen Grundschulen der Kleinstadt, Erzieherinnen aus allen Kindertagesstätten und die Schulärztin vom Gesundheitsamt gestalteten gemeinsam einen Elternabend zum Thema Schulfähigkeit. Nach einem gemeinsamen Plenumsteil werden hier immer die Eltern in Gruppen aufgeteilt und je eine Lehrkraft und eine Erzieherin halten einen Kurzvortrag zu einem ausgewählten Thema. Die Teams treffen sich eine halbe Stunde vor Beginn, um sich noch kurz abzustimmen.

Alle Teams waren vollständig, bis auf eine Kollegin. Es war fünf Minuten vor Beginn, die Schulärztin bereitete sich bereits auf ihren Vortrag vor, der Saal füllte sich, die Kollegin war noch nicht da. Langsam wurden alle nervös. Schnell begannen sie die Nummer der Kollegin zu suchen. Keiner hatte sie dabei. Die Ärztin hatte schon begonnen zu sprechen. Im Nebenzimmer hektische Aktivitäten. Endlich, sie hatten die Nummer, es klingelte drei Mal, die Kollegin ging tiefenentspannt ans Telefon. Dann ein Schrei: »Oh nein, ich lag schon auf dem Sofa! Ich komme! Ich hab es total vergessen! Ich komme!« Kurzer Blick ins Plenum, ein Glück, die Ärztin sprach noch. Zehn Minuten später war die Kollegin da. Abgehetzt stand sie im Nebenzimmer. Es war ihr sichtlich peinlich, dass sie den Termin vergessen hatte. Jeder dachte: Oh mein Gott, hoffentlich passiert mir das nie! Die Eltern hatten von alldem nichts bemerkt, denn die Amtsärztin sprach immer noch. Und was sagte die Kollegin? Sie lächelte, gab zu, dass sie es total vergessen hatte, und machte einen humorvollen Spruch über ihr Gedächtnis (dem Sinn nach: »Eigentlich ist mein Gedächtnis gut, nur leider zu kurz«).

Diese Kollegin war in beeindruckender Weise in der Lage, sich selbst und ihr Missgeschick nicht allzu ernst zu nehmen. Für diese offensichtlich peinliche Situation hatte sie einen lustigen Spruch parat und konnte entspannter reagieren, als ihr in dem Moment vermutlich zumute war. Statt sich abzuwerten, gewann sie wieder an Souveränität.

Ich denke, alle Menschen in allen Berufsgruppen haben schon einmal erlebt, dass ihnen etwas Peinliches oder ein Missgeschick passiert ist. Besonders unangenehm ist es, wenn es eigene Schwächen und damit einen sensiblen Bereich betrifft. Bei manchen Menschen ist es ein Fauxpas, bei anderen ist es das Äußere (zu dick, zu dünn, zu groß, zu klein…), und mach einer schämt sich aufgrund seines Dialekts. Das ist dann spätestens der Moment, wo uns der Sinn für Humor verlässt, wo wir empfindlich reagieren und uns als Zielscheibe von Spott und Hohn fühlen. Nicht wenige reagieren aggressiv und beleidigt, ziehen sich in ihre Schutzzone zurück und schotten sich ab. Vera Birkenbiehl beschreibt einen amerikanischen Politiker, der unter Rechtschreibproblemen litt und dafür von seinen Gegnern verspottet wurde. Er heuerte einen professionellen Gagschreiber an, um selbst über seine Schwäche öffentlich scherzen zu können. Dieser riet ihm, sich selbst durch den Kakao zu ziehen, aber liebevoll. Bei einer Talkshow las der Politiker eine umstrittene Gesetzesvorlage der gegnerischen Partei vor und fügte hinzu: »Und diese Leute spotten über meine Rechtschreibprobleme!« Riesenapplaus! Die Lacher waren auf seiner Seite. Weitere Angriffe auf seine Rechtschreibprobleme wären nutzlos gewesen, denn man kann keinen Punkt mehr gewinnen, wenn der andere seine Schwäche bereits öffentlich und souverän gestanden hat (ein Gesichtspunkt, der für Lehrer vor der Klasse nicht unerheblich ist).

Deswegen lautet mein Humortipp frei nach McGhee: Üben Sie sich darin, über eigene Fehler zu lachen, um sie leichter akzeptieren zu können. Üben Sie sich darin, sich selbst nicht mehr ganz so ernst zu nehmen. Lehnen Sie sich einen Moment zurück und denken Sie über die Frage nach, welche Vorteile und Nachteile es hat, die eigene Person und die eigenen Schwächen sehr ernst zu nehmen. Ich bin mir sicher, Sie werden feststellen, dass es eine Reihe von Nebenschauplätzen gibt, denen man eine zu hohe Bedeutung beimisst. Das heißt nicht, dass man eine geringe Meinung von sich haben oder sich selbst entwerten sollte. Wer ständig Witze über sich macht und sich vor der Klasse und den Kollegen selbst entwertet, wird an Autorität verlieren. Wer aber im gesunden Maß und bei passender Gelegenheit seine übertriebene Ernsthaftigkeit ablegt, kann dadurch an Autorität und Souveränität gewinnen. Und indem wir über unser Missgeschick oder unsere Schwäche lachen, geben wir den anderen die Chance, *mit* uns und nicht über uns zu lachen.

Falkenberg, McGhee und Wild (2013, S. 61) beschreiben das wie folgt:

- Sich selbst nicht als den Mittelpunkt des Universums sehen
  Ihre Kolleginnen erleben eine Schwäche wie beispielsweise Empfindlichkeit längst nicht als so katastrophal wie Sie. Und vor allen Dingen interessiert es sie deutlich weniger als Sie. Es lohnt sich nicht, intensiv darauf einzugehen, ob man vielleicht wieder zu empfindlich reagiert hat.
- Die eigene Meinung ist nur eine unter vielen
  Bei einem Elterngespräch hat meine Frau einmal sehr empfindlich auf die vermeintliche Kritik einer Mutter reagiert. Ihre Kollegin empfand die Aussage der Mutter nicht als Kritik. Im anschließenden Austausch musste sie ihr recht geben. Das, was man hört und versteht, muss nicht unbedingt mit dem übereinstimmen, was tatsächlich gesagt wurde.
- Sich nicht von seinen Schwächen bestimmen lassen
  Vielleicht wissen Sie von sich, dass Sie oft zu empfindlich reagieren. Wenn Sie aber darüber Witze oder Sprüche machen, nehmen Sie sich selbst die Schwere und den anderen den Wind aus den Segeln. Vielleicht hilft es, sich einen selbstironischen Spruch für die eigene Empfindlichkeit zu suchen (»Der Löwe sieht sich nicht um, wenn ein Hündchen ihn ankläfft. Aber sieht hier irgendjemand einen Löwen?«).

Um über sich selbst lachen zu können, fertigen Sie am besten eine Liste an, die folgende Punkte enthält:

- Schreiben Sie alle Dinge auf, die Sie an sich selbst nicht mögen.

- Machen Sie hinter den Dingen ein Kreuz, über die Sie noch nicht lachen können, weil Sie Ihnen zu sensibel erscheinen (dabei werden Sie vielleicht schon feststellen, dass Sie durchaus in der Lage sind, über einige Ihrer Schwächen zu lachen oder über absurde Züge, die Sie an sich selbst nicht mögen).
- Teilen Sie die Schwächen, die Sie angekreuzt haben, in veränderbar und nicht veränderbar ein.
- Sprechen Sie über Ihre Liste (zuerst über die harmlosen Fehler). Fehler, die man nicht mehr versteckt, kann man leichter akzeptieren. Dann fällt der Schritt, darüber lachen zu können, schon leichter.
- Erzählen Sie anderen Kollegen von Missgeschicken vor der Klasse oder mit Eltern.
- Lernen Sie wohlwollende Witze über Lehrer (»Wie viele Lehrer braucht man, um eine Glühbirne zu wechseln? Einen, der sie auswechselt, und einen, der es besser kann.«).
- Suchen Sie nach einer lustigen Antwort für peinliche Situationen. Legen Sie sich die Antwort zurecht, dann können Sie entspannter reagieren (»Ich bin nicht dick. Ich habe nur viel Platz für meine inneren Werte.«).
- Benutzen Sie die Sprüche.
- Lachen Sie immer wieder über sich selbst.

Über seine eigenen Schwächen zu lachen ist sinnvoll, denn wie mein Freund und Kollege Eckart von Hirschhausen so schlau schreibt: Shit Happens, mal bist du die Taube, mal das Denkmal. Jeder hat sein Päckchen zu tragen oder zumindest noch von der Post abzuholen. Das Arbeiten in der Schule ist eben nicht nur schön, und vieles davon suchen wir uns nicht aus. Aber: »Wenn es kein Unglück gäbe, hätte ich überhaupt kein Glück!« (Falkenberg/McGhee/Wild 2013, S. 63). Oft sorgen wie uns davor, uns durch Selbstironie vor anderen klein zu machen. Das Gegenteil ist der Fall. Wohlwollende Selbstironie ist Ausdruck von Souveränität und Selbstbewusstsein. Dadurch, dass wir anderen das Gefühl geben, uns selber nicht so wichtig zu nehmen, entspannen wir nicht nur uns, sondern auch alle anderen um uns herum. Und wenn es Ihnen nicht gelingt, über Ihre Schwächen zu lachen, tröstet auch ein leckeres Stück Schokolade. Denn nicht immer schafft man es, über einen versäumten Termin lächelnd zu sagen: »Mein Gedächtnis ist eigentlich sehr gut, nur leider zu kurz!«

**Überblick: Über sich selbst lachen**

- Nehmen Sie sich selbst nicht zu ernst.
- Lassen Sie sich nicht von Ihren Schwächen bestimmen.
- Legen Sie eine Liste mit Ihren Schwächen an und sprechen und lachen Sie über die Liste.
- Üben Sie sich im wohlwollenden Selbsthumor.
- Suchen Sie nach Witzen und Sprüchen für Ihre Schwäche.
- Benutzen Sie sie.

»*Alles ist lustig, solange es jemand anderem passiert.*« (Will Rogers)

## Humortipp 7: Den Humor nicht verlieren

Sie erinnern sich? Humor ist das natürlichste Antistressmittel. Aber wie mit allen Stressbewältigungsmechanismen (Meditation, Yoga, Atemtechniken u.v.m.), so ist es auch mit dem Humor: Er steht uns nicht automatisch zur Verfügung, wenn wir ihn gerade besonders dringlich brauchen. Dafür bedarf es einer gewissen Übung. Bei unserem letzten Tipp geht es darum, das Humorwerkzeug, das Sie sich durch die vorherigen Tipps und das Training zugelegt haben, zu nutzen, um stressige Situationen besser auszuhalten.

Durch Stress, Ärger und Anspannung in der Schule verlieren Sie Energie. Die Energie, die Sie verlieren, lässt sich durch Humor und Lachen ein Stück weit zurückgewinnen. Dadurch haben Sie wieder mehr Kraft und Zufriedenheit. Lachen führt zur Spannungsreduktion und man fühlt sich weniger erschöpft.

Gelegenheiten, sich in der Schule über etwas zu ärgern, gibt es genügend. Stress lässt sich nicht vermeiden, denn irgendwas ist immer. Mit einer humorvollen Haltung können Sie einen Schritt zurücktreten und einen anderen Blickwinkel, eine andere Perspektive einnehmen. Dann empfinden Sie die täglichen Sorgen nicht mehr als Katastrophen, sondern als Schwierigkeiten, die Sie so gut wie möglich zu bewältigen versuchen. Das Schlimme an Stresssituationen ist häufig das Gefühl des Kontrollverlusts: Ich bin nicht mehr Herr der Lage. Wenn ich mich aber darin übe, an der Situation auch eine versteckte Komik zu finden, dann übernehme ich wieder die Kontrolle. Oft gelingt es uns erst im Nachhinein, an stressigen Situationen etwas lustig zu finden. Wie attraktiv ist es jedoch, schon im Moment des Stresses lachen zu können!

Das Lachen kann viele Sorgen nicht lösen, aber es kann auf jeden Fall helfen, sich für einen Moment von den Sorgen zu distanzieren, im Chairos emotional aufzutanken und Probleme für eine Weile zu vergessen. Was können Sie tun, um in der Schule bei Stress nicht den Humor zu verlieren? Angelehnt an McGhee sind folgende Schritte hilfreich:

- Witziges an Stresssituationen der Vergangenheit suchen
  Folgende Situation erzählt meine Frau gerne: »Abordnung für ein Schuljahr an eine Schule im Brennpunktgebiet. Vertretungsstunde Musik, zweite Klasse. Ich komme rein, alle sind laut. Ich verschaffe mir Gehör und den nötigen Respekt, bin dabei aber total gestresst. Mein Puls geht hoch, ich empfinde die gesamte Klasse als anstrengend und stressig. Zu Hause erzähle ich Felix von den schlimmsten Situationen. Dabei fällt mir auf, dass sie einer gewissen Komik nicht entbehren, und ich fange zu lachen an, als ich erzähle: ›Mustafa hat die ganze Zeit ohne Punkt und Komma geredet und versucht, mit mir zu verhandeln. Noa (aus Ghana) verbiegt seinen Körper wie eine Schlange vor und zurück und wackelt dabei mit dem ganzen Tisch, während er redet. Vladimir, der vor Noa sitzt und den das Gebiege und Gewackel nervt, dreht sich um und zischt: ›Ey, hörr auf oderr isch dir knall eine!‹ Gelebter interkultureller Austausch und herrlich lebendige Klischees, die zu bestaunen waren!«

- Bei kleinem Stress das Witzige suchen
  Für die Bundesjugendspiele müssen meine Frau und ihre Kolleginnen mit allen Schülerinnen und Schülern unserer Dorfschule morgens sechs Kilometer zum Sportplatz laufen, und das in 45 Minuten. Jedes Jahr. Jedes Jahr stöhnen die Kinder und die Kolleginnen. Jedes Jahr kommen sie abgehetzt zum Sportplatz, wo die Partnerschule bereits zu dem Lied »Theo, Theo, ist fit wie ein Turnschuh und alle machen mit« Gymnastik auf dem Rasen treibt. Jedes Jahr sprechen die Kolleginnen sie hinterher an, warum sie bei dem Lied nicht mitmachen. Jedes Jahr grinsen sie und sagen: »Ach nee, lass mal, wir sind schon warm…«
- Sich schon im Vorhinein eine witzige Reaktion für eine Stresssituation zurechtlegen
  Es stresst meine Frau, wenn während der eigenen Lernzeit alle Kinder gleichzeitig und am besten auch noch eine Kollegin etwas von ihr wollen. Auf Momente, in denen es unruhig wird, und auf Lautstärke reagiert sie sehr empfindlich. Nicht immer lassen sich solche Momente verhindern. Angeregt durch eine Sitcom, die unsere Töchter sehr lieben, hat sie sich vorgenommen, nicht einfach laut zu werden und mit der Klasse zu schimpfen, sondern mit italienischem Akzent ihren Missfallen zum Ausdruck zu bringen (»Kienda, Kienda, das isse viel zu laute! Niche alle auf einmal!«). Wenn sie es schafft, den Spruch anzuwenden und noch einen strengen Blick hinterherzuschicken, damit die Schülerinnen und Schüler merken, dass es ihr ernst ist, geht es ihr besser als mit der üblichen Standpauke.
- Sagen Sie sich: Ich habe schon so viel aus meinen Fehlern gelernt, da freue ich mich über neue!
  Im Rückblick sind es die Stunden, die schiefgelaufen sind, die Elterngespräche, die schwierig waren, die Kollegen, mit denen man es schwer hatte, die Elternabende, die eskaliert sind, aus denen meine Frau viel gelernt hat. Szenen, die im Moment schlimm waren, sie im Nachhinein aber davor bewahrt haben, wieder in die gleiche Falle zu tappen. Es sind die Fehler, an denen sie gewachsen ist. Folgende Geschichte erzählte ihre Tante, eine sehr einfühlsame und erfahrene Lehrerin: »Ein Mensch kam zu Gott mit dem Krug seines Lebens, in dem sein Lebenslicht brannte. Der Krug war an vielen Stellen zerbrochen. Der Mensch bat Gott, den Krug seines Lebens durch ein Wunder zu heilen. Gott nahm den Krug und klebte ihn wieder zusammen. ›Also, das hatte ich mir doch etwas professioneller vorgestellt‹, meckerte der Mensch. Dann stellte Gott das Lebenslicht wieder in den reparierten Krug. In dem Moment leuchtete das Licht gerade an den Stellen besonders strahlend, die bruchstückhaft waren.«
  Eine tröstliche Geschichte, die tatsächlich einen positiven Blick auf Fehler werfen lässt. Dann schafft man es vielleicht, sich über das Lernen aus Fehlern zu freuen.
- Erzählen Sie Ihrem Partner oder Ihrer Partnerin von der stressigen Situation und lassen Sie dabei das »S« weg
  Ein enger Freund und Kollege meiner Frau litt mehrere Jahre unter einer schwierigen Situation. Immer wieder war das Verhältnis zur Schulleitung Thema unserer

Gespräche. Eines Tages kam ich in der Küche dazu, als es mal wieder besonders schlimm gewesen war. Ich forderte den Freund auf, die gleiche Geschichte mit der Chefin noch einmal zu erzählen und dabei das S wegzulassen. Er tat es, alle lachten, auch er! Er war überrascht, dass er über diesen schlimmen Ärger überhaupt lachen konnte. Das Problem bestand nach wie vor, aber es verlor in dem Moment an Schärfe und Spannung. Eine Erfahrung, die den Ärger relativierte.

Was man mit dieser Übung erkennt: Unsere Emotionen sind fest an unsere Aufmerksamkeit gekoppelt. Solange ich mich auf meinen Ärger konzentriere, kann ich mich immer wieder neu ärgern. Durch die Konzentration auf etwas anderes, in diesem Fall die Regel, das S wegzulassen, geht die Aufmerksamkeit von den schlechten Emotionen weg und man wird fröhlich. Ärger rauslassen ist veraltet. Je mehr ich mich ärgere, desto mehr übe ich das Ärgern. Ich trainiere mein Gehirn, sich richtig ärgern zu können. Ich trainiere, ein griesgrämiger Mensch zu werden. Negative Gefühle haben einen Hinweiswert, so wie Schmerz. Die Hand auf der Herdplatte, das muss ich nicht länger als eine Sekunde machen, um zu lernen, dass die Platte nicht gut für meine Hand ist. Der Ärger gibt mir den Hinweis, dass ich mit der Situation nicht einverstanden bin. Nach dieser Feststellung hat sich der Wert des Ärgers erledigt. Jeder Tag, an dem ich mich weiter ärgere, ist vergeudete Zeit. Wenn wir uns ärgern, geben wir jemand anderem die Macht über uns. Nicht immer ist der andere jemand, der das auch verdient. Längeres Ärgern ist Zeitverschwendung.

Nutzen Sie diese Erkenntnis! Wenn es etwas zum Ärgern gibt, denken Sie ohne S und konzentrieren Sie sich auf etwas Positives. Dadurch werden Sie schneller wieder gelassen und unterstützen die gemeinsame konstruktive Arbeit an der Schule. Es genügt auch, diese Übung einmal laut durchzuführen. Erleben Sie, dass Sie trotz Ihres Ärgers lachen konnten! Erinnern Sie sich an die S-Übung, wenn Sie sich wieder einmal besonders ärgern, und erinnern Sie sich daran, dass Sie trotz des Ärgers lachen konnten. Dabei tun Sie Ihrer Gesundheit etwas Gutes. Und vergessen Sie nicht: Humor ist das natürlichste Antistressmittel.

**Überblick: Den Humor nicht verlieren**

- Humor entspannt und reguliert Emotionen.
- Humor gibt neue Energie.
- Humor verleiht ein Gefühl der Kontrolle über die Situation.
- Legen Sie sich witzige Reaktionen für Stress zurecht.
- Aus Schlechtem ist schon Gutes entstanden.
- Lassen Sie beim Ärgern das S weg.

»*Das Leben ist voller Leid, Einsamkeit und Unglück. Und zu kurz ist es übrigens auch.*« (Woody Allen)

# Schlusswort

Liebe Leserinnen und Leser,

wir haben dieses Buch geschrieben, weil wir überzeugt davon sind, dass jeder Schüler lernen will. Jeder Schüler will sich begeistern und jeder Schüler will gerne lachen. Gleichzeitig sind wir davon überzeugt, dass jeder Lehrer lustig sein kann.

Mit diesem Buch möchten wir Ihnen Mut machen, sich Ihren eigenen Humor als Lehrer zuzutrauen und ihn einzusetzen. Gerade in Zeiten, die das Unterrichten nicht leicht machen und in denen die Belastung immer mehr steigt, ist es wichtig, seinen eigenen Humor wiederzuentdecken. Die Humorbrille hilft, den Stress besser zu bewältigen und bei aller Belastung immer wieder den Zugang zu Gelassenheit zu finden.

Kinder funktionieren nicht so, wie wir Erwachsene uns das vorstellen. Ihre empfindsame Seele können wir durch Humor stärken und aufbauen. Unabhängig von jeder Unterrichtsmethode können Sie Ihre Schüler durch Humor erreichen. Dabei geben Sie ein Stück Ihrer Autorität und Distanz auf, gewinnen dafür aber die Nähe zu den Kindern und Jugendlichen. Letztendlich ist es Ihre Lehrerpersönlichkeit, die den Schülern im Gedächtnis bleiben wird. Nutzen Sie die Möglichkeit, Ihren Schülern Freude zu schenken und ihre Augen stahlen zu lassen.

Mit unserem Buch wollten wir davon erzählen, welche Erfahrungen wir mit Humor in der Schule und in unserem Leben gemacht haben. Dabei kamen wir zu dem Schluss:

Wenn in einer Klasse eine positive Lachkultur herrscht, gehen alle fröhlicher in die Schule, lernen deutlich lieber und finden leichter ihre Talente und Interessen. Deswegen möchten wir Sie ermuntern, sich über den Humor der Kinder und Jugendlichen zu freuen, sich an ihm zu erfreuen.

Durch Ihre Persönlichkeit und Ihre Haltung geben Sie den Schülern etwas für ihr Leben mit. Heiterkeit und Gelassenheit sind nicht die schlechtesten Eigenschaften, die Sie ihnen mitgeben können. Jetzt liegt es an Ihnen. Ob durch Rituale oder durch Humortechniken, trauen Sie sich! Ihre Schüler sollten es Ihnen wert sein.

Zum Abschluss eine letzte Anekdote, diesmal von John Lennon:

*»When I was 5 years old, my mother always told me that happiness was the key to life. When I went to school, they asked me what I wanted to be when I grew up. I wrote down ›happy‹. They told me I didn't understand the assignment, and I told them they didn't understand life.«*

## Danke!

Unser besonderer Dank gilt diesen Menschen:

- unseren Töchtern Nele und Amelie, die das Buchprojekt mit viel Enthusiasmus unterstützt und durch ihre Erzählungen mit Inhalt gefüllt haben,
- den Schwestern im Geiste, die das Buch durch ihre Schulerfahrungen, gemeinsame Fortbildungen und intensive Gespräche bereichert haben,
- unserem Freund und Wegbegleiter Eckart von Hirschhausen, der uns unterstützt hat und der uns immer wieder dazu ermutigt, etwas Neues zu wagen,
- unserem Lektor Dr. Erik Zyber, der an das Buch von Anfang an geglaubt hat,
- unserem Cartoonisten Gerhard Straeter, der mit seinen Bildern eine zusätzliche Prise Humor in das Buch gezaubert hat
- und den vielen Menschen, die von Anfang an und vor allem während der Durststrecken an uns und das Buch geglaubt haben!

# 9,5 Tipps gegen den Ernst des Lebens

*Nachwort von Eckart von Hirschhausen*

Die größte Gefahr bei Präsentationen aller Art ist nicht der fehlende Ernst, sondern dass nichts davon hängen bleibt. Wie viel Mühe geben sich viele mit Unterrichtsvorbereitung, Folien und PowerPoint-Charts. Nichts davon wird nach einem Jahr noch irgendeinem Schüler im Gedächtnis sein. Was aber alle wissen werden: in welcher Stimmung Publikum und Redner aufeinandertrafen und wie sie wieder auseinandergingen – gelangweilt, verärgert oder begeistert? Für unsere mitmenschliche Kommunikation sind Emotionen der Schlüssel zum Verständnis und zum Gedächtnis gleichermaßen. Dummerweise hat sich bis heute speziell an Universitäten, aber auch bei Kongressen, Tagungen und Feierlichkeiten ein Stil durchgesetzt, dessen oberstes Gebot zu sein scheint: Keine Emotionen, nur sachlich objektive Informationen, bitte!

Da muss mein emotionales Hirn doch revoltieren, wenn es so blutleere Vorträge erlebt. Zuhause stimmen wir mit der Fernbedienung ab, und in der Schule, wo wir nicht weglaufen dürfen, auch mit den Füßen – die schlafen noch vor unserem Kopf ein. Das Gegengift: 9,5 Schritte zu Vorträgen mit Unterhaltungswert, inklusive Komiker-Rat.

## 1. Sei wach

Präsentieren beginnt mit präsent sein. Der Vortragende sollte immer etwas wacher sein als die Anwesenden, sein Publikum.

*Der Komiker rät:* Machen Sie sich »warm«. Kein Fußballer wechselt direkt von der Bank aufs Feld. Um den Geist warmzulaufen, hilft jede körperliche Bewegung: grimassieren, lächeln, lachen, gehen, hüpfen, Arme kreisen, laut vor sich hin die ersten Sätze sprechen. Die Vorbereitung müssen ja nicht alle sehen. Aber alle werden spüren, dass da jemand frisch auf sie zugeht, und sind neugierig, was diesen Menschen antreibt.

## 2. Der erste Eindruck zählt

Der Schalk sitzt doch im Nacken. Also drehen viele Vortragende erst einmal dem Publikum den Rücken zu, damit alle ihren Schalk gut sehen können, und beschäftigen sich mit ihrem Laptop, der Funkmaus und den Tücken von Windows. Der Start in einen Vortrag ist der entscheidende Moment. Wichtiger als jeder Neustart am PC: »You never get a second chance for a first impression!« Wenn der erste Eindruck sein soll: »Mein Computer ist die Hauptperson in diesem Raum«, kümmern Sie sich erstmal um ihn. Wenn Sie ein Publikum mit echten Menschen in Ihren Bann ziehen wollen, nehmen Sie Blickkontakt auf! Denn der Volksmund irrt: Der Schalk sitzt nicht im Nacken, sondern im Gesicht! Das wollen wir sehen, um jemanden beurteilen zu können. Und das geschieht innerhalb von 300 Tausendstel Sekunden: Mann oder Frau? Freund oder Feind? Flucht oder Fortpflanzung? Das ist seit 40 000 Jahren Evolution so, und daran wird sich so schnell auch nichts ändern. Oft werden Räume abgedunkelt, um die ach so entscheidenden Folien besser sehen zu können. Der Redner steht dann häufig an einem Pult, das eine Lampe an der Lesefläche hat. Was viele nicht wissen: Ihr Gesicht wird von unten so beleuchtet, dass sie aussehen wie Graf Dracula persönlich. Vielleicht erinnern Sie sich daran, wie gut man als Kind mit einer Taschenlampe unter dem Gesicht andere nachts erschrecken konnte?

*Der Komiker rät:* Wenn Sie auf einem Bestatter-Kongress sprechen, sorgen Sie für genau diese Beleuchtung. Für alle anderen gilt: Ihr Gesicht muss hell sein! Ein Spotscheinwerfer neben der Projektionsfläche wirkt Wunder! Um die Aufmerksamkeit Ihres Publikums zu erheischen, stellen Sie sich Ihren Vortrag wie einen kleinen Flirt vor, ein platonisch-erotisches Aufeinandertreffen. Weil das Publikum bisweilen aus harten Brocken besteht, suchen Sie sich einzelne Augenpaare, die halbwegs wach und freundlich zurückschauen. Damit der Funken überspringt, tun sie genau das, was Sie auch bei einem einzelnen Menschen tun würden, um einen sympathischen Eindruck zu hinterlassen: anschauen und lächeln. Und dann erst den Mund aufmachen. Schließlich wird ein Lächeln über 70 Meter weit wahrgenommen und als aggressionsmindernd empfunden. Wer lächelt, darf anderen näher kommen. Riskieren Sie es!

## 3. Small Talk bringt hohe Rendite

Warum beginnen so viele englischsprachige Vortragende mit einer kleinen Anekdote über den Weg vom Flughafen? Weil es charmant ist. Die Botschaft lautet: Ich bin zwar Experte für XY, aber auch ein Mensch. Mir passieren wie euch komische und manchmal dumme Geschichten. Ob diese Geschichten tatsächlich auf dem Flug gerade eben passiert sind oder vor 20 Jahren oder gar nie, ist ziemlich egal. Es geht darum, die Zuhörer vor dem inhaltlichen Einstieg mit einer kleinen Begrüßung, einem Scherz, einer Anekdote aufzutauen. Je mehr dieser Einstieg zu Ihnen, dem Publikum und der Situation passt, desto besser. Zur Vorbereitung überlegen Sie sich: Was verbindet die Menschen hier, was haben sie gemeinsam erlebt, welche Themen beschäftigen sie? Es muss nicht das Wetter sein, auch eine nette Bemerkung über die Stadt, die Taxifahrt, das Hotel, die Tageszeit, die Kaffeepause, den bisherigen Höhepunkt Ihrer Reise zahlt sich aus. Denn: Gemeinsamkeiten schaffen Sympathie.

*Der Komiker rät:* Also nicht mit »Die erste Folie, bitte!« langweilen oder mit der Tür ins Haus fallen, sondern charmant anklopfen und Hallo sagen. Sinngemäß sollten die ersten Worte nicht viel mehr sagen als: »Schön haben Sie es hier. Ich bin ein Mensch. Ich hab Ihnen etwas mitgebracht, das Sie interessieren könnte.«

## 4. Gib mir den Krimi – nicht den Mörder

Warum lesen wir Kriminalromane? Um zu erfahren, wer es war? Nein, dann würden wir gleich hinten zu lesen beginnen. Wir lieben die Geschichte, die Entwicklung, die Spannung. Ein guter Redner berücksichtigt das. Und wenn das Thema selber keine Geschichte hergibt, ist es immer lohnend, kurz zu erklären, was einen selber zu dem Thema geführt hat: welcher Zufall, welche Person, welche Fragestellung. Der sicherste Weg, andere zu begeistern, ist selber von seiner Sache begeistert zu sein. Erzählen Sie, was Sie wirklich antreibt, sich mit XY zu beschäftigen. Wer allerdings ausstrahlt: »Ich bin der Experte, ihr dürft froh sein, dass ich heute mein herrschaftliches Wissen mit euch teile«, ist schnell untendurch.

*Der Komiker rät:* Die Haltung des Komikers oder des mit Humor Präsentierenden ist, sich über Dinge zu wundern, zu fragen, warum das so sein muss, was dahintersteckt. Diese kindliche Neugier treibt im Kern auch die Wissenschaft und die Wirtschaft an. Es ist keine Schande, zu seiner Neugier zu stehen. Im Gegenteil: Fragen sind interessanter als Antworten!

## 5. Sandwiche heißen nach dem Belag, nicht nach dem Brot

Humor in Präsentationen heißt nicht, einen Witz zu erzählen und dann »jetzt aber zum eigentlichen Thema« zu kommen. Genauso unbeliebt sind Menschen, die einem ungefragt und ohne Zusammenhang ihren Humor aufdrängen. Deshalb habe ich die »Sandwich-Technik« erfunden: Das Brot nährt, der Belag macht es schmackhaft. Der Belag ist die humorvolle Bemerkung, die zwischen den beiden Scheiben liegt, nämlich zwischen der thematischen Hinführung und nach dem Belag wieder zurück zum Thema.

Ihre erste Aufgabe ist es, etwas zu finden, das als »Belag« zu Ihrem »Brot«, Ihrer Botschaft passt. Wer als Humor-Neuling frischen Wind in seine Vorträge bringen möchte, schafft dies statt mit einer eigenen Geschichte anfangs leichter mit bereits Vorgefertigtem: Bonmots, Zitaten, Anekdoten, einem lustigen Foto, einem Cartoon. Im Internet, in Büchern, in Nachschlagewerken gibt es sehr viel Material. Bauen Sie aus Botschaften und Bildern leckere Sandwiche. Dann werden Ihre Zuhörer Ihre Inhalte nicht nur schlucken, sondern auf der Zunge zergehen lassen!

*Der Komiker rät:* Wann immer Sie selbst etwas lustig finden, sofort sammeln! Sprüche notieren, Cartoons ausschneiden, Fotos machen. Packen Sie sich eine Humorschatzkiste. Vor einem wichtigen Vortrag können Sie diese systematisch durchgehen und sich fragen: Was passt zu meinen Botschaften? Wo sehe ich einen Zusammenhang? Und dann machen Sie kleine Sandwiche daraus. Damit das Publikum Ihre Botschaften »schluckt«, braucht es mehr als Knäckebrot!

## 6. Humor ist machbar

Sie haben einen unschätzbaren Vorteil gegenüber jedem Kabarettisten: Von Ihnen erwartet niemand etwas Lustiges! Umso leichter übertreffen Sie alle Erwartungen, wenn Sie einen originellen Einstieg ins Thema finden, zwischendrin ein verdauungsförderndes »Sandwich« anbieten und mit einem schönen Dreh enden. Das ist zu schaffen! Allerdings unterläuft auch dem größten Redner manchmal mehr Komik als geplant. John F. Kennedy sagte: »Ich bin ein Berliner«, anstatt nur zu sagen: »Ich bin Berliner.« Was ihm später erst ein Übersetzer steckte: »Mr President, you just said: I am a jelly doughnut.«

*Der Komiker rät:* Wenn etwas unvorhergesehen lustig ist – genießen Sie es!

## 7. Kürze – Würze

Die Ratschläge Kurt Tucholskys für einen schlechten Redner gelten bis heute: »Kündige den Schluss an, und dann beginne deine Rede von vorne. Dies kann man mehrere Male wiederholen.«

*Der Komiker rät:* Aufhören lässt aufhorchen. Und: aufatmen. Jedem Redner ist man irgendwann dankbar. Spätestens nach dem Ende! Besser schon vorher. Also: Machen Sie's kurz!

## 8. Die Kunst der Pointe

Gute Witze sind und bleiben ein Geschenk und ein Rätsel. Dennoch gibt es eine Handvoll Grundregeln und Erfahrungen aus der Praxis, die aber in keinem Buch stehen. In keinem? Doch, ausnahmsweise hier. Aber nicht weitersagen!

Ich verrate Ihnen, was ich aus der Witztheorie und vor allen Dingen aus tausenden von Stunden auf der Bühne vor Publikum gelernt habe. Und zwar auf die harte Tour, indem ich mich immer wieder fragte, warum ausgerechnet an dieser Stelle gelacht wurde, aber nicht da, wo ich es geplant hatte.

### Komik ist Anti-Journalismus: Das Wichtigste kommt zum Schluss!

Komik hat viel mit Ökonomie zu tun. Je weniger Worte gebraucht werden, um die Situation klarzumachen, desto schwächer darf der Witz sein, der folgt. Wir alle nehmen es Witzeerzählern übel, wenn sie lang und breit die Vorgeschichte ausschmücken und nachher ein müder Gag kommt. Das Gleiche gilt für jede Form der »Aufmerksamkeit auf Kredit«. Je länger der Aufbau und die Hinführung zu einem Kunststück, desto stärker muss der Effekt sein, die Überraschung am Ende. Das Publikum und der Vortragende haben eine ungeschriebene Vereinbarung: »Ich, der Zuschauer, investiere Zeit und Aufmerksamkeit. Du, der Vortragende, belohnst mich mit etwas, das diese Investition rechtfertigt.« So fühlt man sich bei schlechten Witzen regelrecht »betrogen« um seine kostbare Zeit. Gleichermaßen bei einem schlechten Film oder bei einem Krimi, wenn sich am Ende die Stunden des Zuschauens oder Lesens nicht bezahlt machen.

### Die Dreier-Regel

Eine Linie wird durch zwei Punkte beschrieben. Und weil wir geradlinig denken, erwarten wir, dass auch ein dritter Punkt auf der gedachten Linie liegen wird. Aber die Pointe liegt gerade nicht dort, sondern ganz woanders. Ein Beispiel:

Ein Mann geht frühmorgens im Nebel aufs Eis, um zu angeln. Er will sich gerade ein Loch hacken, da hört er eine tiefe Stimme von oben:

»Hier gibt es keine Fische!«

Er wundert sich, denkt, er habe das nur geträumt, und hackt weiter. Wieder kommt die Stimme:

»Hier gibt es keine Fische!«

Diesmal ist er sich sicher, das war keine Einbildung! Und ganz zaghaft wendet er seinen Kopf gen Himmel und fragt: »Herr, bist du es?«

»Nein«, antwortet die Stimme, » ich bin der Sprecher des Eisstadions!«

Die Pointe wäre beim zweiten »Hier gibt es keine Fische« nicht so lustig wie beim dritten Mal. Sie würde beim sechsten »Hier gibt es keine Fische« nicht noch besser werden. Im Gegenteil, sie würde zum Himmel stinken. Daher: die Dreier-Regel. Sie findet sich in vielen Witzen und ist ein beliebtes Schema für Klischees und Nationalitäten. Zum Beispiel:

Ein Franzose, ein Italiener und ein Pole wollen die Wüste durchqueren, jeder soll etwas Nützliches dazu mitbringen. Der Franzose bringt Brot: »Wenn wir hungrig werden, können wir was essen.« Der Italiener bringt Wein: »Wenn wir durstig werden, können wir was trinken.« Der Pole schleppt eine Autotür an. Die beiden anderen: Was sollen wir denn mit einer Autotür? Darauf der Pole: »Wenn es heiß wird, können wir das Fenster runtermachen!«

Jetzt müsste nach der Dreier-Regel eigentlich noch ein dritter Witz kommen. Kommt aber nicht. Jetzt sind nämlich Sie dran. Was jetzt folgt, ist eine kleine Übung: Versuchen Sie, aus dem »Polen-Witz« eine Adaption zu machen. Welche Personen könnten Sie einsetzen, um aus den abgedroschenen Nationalklischees eine aktuelle Pointe zu machen? Könnten das drei Abteilungen Ihres Unternehmens sein, denen Sie das in den Mund legen, drei Kollegen…

Übrigens: Die Witze sollten in jedem Fall originell sein. Andererseits sollten Sie keine zu große Angst davor haben, dass jemand eine Pointe schon einmal gehört hat. Der Einwurf »Den kenn ich« zeugt von einem sehr einfachen Humorverständnis. Es ist die Art, wie etwas erzählt wird, warum, mit welchem aktuellen Bezug, mit welchem Erkenntnisgewinn. Oder geht dieser Jemand auch in die Philharmonie und ruft, wenn Beethovens Neunte erklingt, laut hinein: »Die kenn ich«?

## 9. Ihr Notfall-Koffer für sterbende Witze

Wenn ein Witz nicht funktioniert hat, nicht gleich aufgeben! Das ist normal. Häufig haben wir einfache Grundregeln nicht beachtet oder willentlich verletzt. Prüfen Sie daher folgende Punkte:

**Mechanik**
- War ich gut zu hören und zu verstehen?
- War der Aufbau zu lang für die Stärke der Pointe?
- War die Pointe schon vor dem letzten Satz zu erahnen?
- Habe ich die Feinarbeit gemacht: alles Überflüssige gestrichen?
- War die Pointe überraschend und mit einem Atemzug erreicht?

**Inhalt**
- Habe ich ein Klischee oder ein Stereotyp vorausgesetzt, was nicht alle kannten?
- Habe ich etwas vorausgesetzt, was unbekannt war?
- Habe ich einen persönlichen Bezug zum Thema?
- Hat der Empfänger einen Bezug zum Thema?
- Lässt sich der Witz auf die Situation personalisieren, aktualisieren, anpassen?

**Emotion**
- War mir der Witz selber peinlich?
- Könnte sich jemand persönlich angegriffen gefühlt haben?
- War ich von der Pointe selber überzeugt?
- War der Aufbau bis zur Pointe glaubhaft?
- Kam in dem Witz eine Grundhaltung hervor, die nicht zu mir passt, zum Beispiel überaggressiv, sexistisch, schadenfroh?
- Teilte der Witz das Publikum in zwei Lager?

*Der Komiker rät:* Spannender ist es übrigens immer,
- in der Gegenwart zu erzählen statt in der Vergangenheit.
- von sich zu erzählen statt von irgendjemand, dem irgendetwas angeblich passiert ist.
- wenn die Zuschauer mit eingebaut werden, wenn kein Monolog stattfindet, sondern ein Dialog. Die Zuschauer haben den wichtigeren Teil zu leisten, nämlich Zuhören und Verstehen. Darum geht es! Dazu brauchen sie Zeit. Deutlich und mit Pausen zu sprechen ist ein Zeichen von Respekt. Wenn Sie zu schnell Ihre Gags und Ideen »abfeuern«, dann bleibt dem Publikum die Luft weg, weil es gar nicht mehr hinterherkommt. Lass sie auslachen!

Wirklich lernen kann man Komik nur in der Arena, beim Vorführen, im Kampf mit der Bestie – dem Zuschauer. Thomas Edison hat Jahre lang an der Glühbirne gebastelt, nichts hat funktioniert. Als es dann doch klappte, wurde er in einem Interview gefragt:

»Wie haben Sie das ausgehalten, so viele tausend Male zu scheitern?« Seine Antwort: »Ich bin nie gescheitert. Ich habe erfolgreich Wege eliminiert, die nicht zum Ziel führten.«

So kann man es auch sehen. Daher: Wenn ein Vortrag, ein Gag, ein Effekt mal nicht funktioniert, denken Sie an Edison. Irgendwann geht jedem ein Licht auf, man muss nur lange genug dranbleiben.

Letzte Einsicht: Wenn man keinen Sinn für Humor hat – welchen dann?

## 9,5 Es ist noch kein Meister vom Himmel gefallen...

… wohl aber auf die Schnauze!

*Der Komiker rät:* Übe da, wo es weniger weh tut, wenn du scheiterst. Im Gespräch, am Telefon, im kleinen Kreis. Und richtig locker bist du vor Publikum erst, wenn du mit Freude auch mal scheitern kannst. Das Publikum liebt dich genau für diesen Mut, ein Lächeln zu riskieren. Viel Spaß!

# Praktische Unterrichtsmaterialien

Humor hat sehr viel mit spielerisch sein zu tun. Spielerisch sein mit Worten, mit Situationen und spontanen Momenten. Da Humor sehr unterschiedlich und individuell ist, erscheint es umso wichtiger, in der Gruppe auch gemeinsam lachen zu können. Denn nur das gemeinsame Lachen verbindet. Die von uns ausgewählten Spiele helfen, das gemeinsame Lachen zu fördern. Sie sind über die Jahre des Unterrichtens und der Arbeit in Workshops zusammengekommen und haben sich als Best Practice bewährt.

Entscheiden Sie selbst, für welche Klassenstufe Sie die Materialien als sinnvoll erachten. Wir haben bewusst auf eine Altersangabe verzichtet. Die Spiele sind inhaltlich nach sozialpsychologischen Themen gegliedert. Je nach Bedarf und Klassensituation können sie unabhängig von Vorerfahrungen jederzeit eingesetzt werden. Aus eigener Erfahrung können wir versichern, dass alle Spiele dazu dienen, das Klassenklima positiv zu beeinflussen, die Kommunikation zu verbessern und die gute Laune untereinander zu fördern.

## Gegenseitiges Kennenlernen

Die folgenden Spiele haben zunächst das Ziel, die Schüler miteinander vertraut zu machen. Oft geht es noch darüber hinaus. Ähnlich dem beliebten Prinzip der Freundebücher werden die Schüler spielerisch aufgefordert, ihre eigenen Stärken und Interessen in den Fokus zu rücken und die der Mitschüler kennenzulernen – insbesondere der Mitschüler, mit denen sie sonst nicht in Beziehung treten, was die Gemeinschaft nachhaltig stärkt und die Kinder und Jugendlichen füreinander öffnet. Auch Klassen, die schon sehr lange bestehen, können durch diese Humorspiele eine neue positive Dynamik erleben.

### Freundebuch

**Variante 1:** Alle sollen sich in einer Reihe oder in einem Halbkreis nach einem bestimmten Kriterium aufstellen, z. B.:

- nach dem Anfangsbuchstaben des Vornamens
- nach Nord und Süd in Hinblick auf den Geburtsort
- nach der Anzahl der Hobbys (von »Keine Hobbys« bis »Mehr als fünf«)
- nach der Anzahl der Geschwister

Jede Reihe kann man besprechen, die Schüler können erzählen, warum sie genau an dieser Stelle stehen etc. Das Sortieren der Reihen ist ein lustiges Durcheinander. Das ist gut so, denn so kommen die Schüler miteinander ins Gespräch.

**Variante 2:** Alle stellen sich auf eine Seite des Raums, anschließend werden Fragen gestellt. Wer sich dabei angesprochen fühlt, stellt sich auf die andere Seite des Raums. Man kann z. B. fragen:

- Wer ist heute gut aus dem Bett gekommen?
- Wer hat ein Haustier?
- Wer hat ein Hobby, das ganz wichtig ist?
- Wer findet irgendjemanden in der Familie oder sonst wo besonders lustig bzw. humorvoll?
- Wer kann sich daran erinnern, was gestern lustig war?

Aus der letzten Frage kann man gut ableiten, wie schwer es ist, sich an Lustiges von gestern zu erinnern, weil wir uns meist eher mit dem beschäftigen, was uns Sorgen macht. Das muss aber nicht so sein. Wir können uns bewusst mit dem beschäftigen, was gerade schön ist – und das verändert uns.

### Mäppchenspiel

Jeder nimmt sein Mäppchen. Man setzt oder stellt sich zu zweit zusammen und beschreibt sich anhand des eigenen Mäppchens.

Beispielfragen:
- Was ist an dem Mäppchen typisch für mich?
- Ist es bunt oder schwarz?
- Ist viel drin oder ist es ganz leer?
- Sind alle Stifte gespitzt oder sind sie alt und abgebrochen?
- Was erzählt mein Mäppchen über mich?

Die Gruppen lassen sich schnell zusammenstellen, indem man zwei Reihen bildet, die sich gegenüberstehen. Je nach Lust und Zeit kann in einer Reihe weitergewandert werden. Der Letzte wechselt nach vorne.

## Klassengemeinschaft und soziale Beziehungen stärken

Immer dann, wenn der Wurm drin ist in der Klasse, wenn die Streitigkeiten zunehmen, Schüler ausgegrenzt werden und man sich als Lehrer nach der Pause ständig mit Konflikaufarbeitung beschäftigt, immer dann lohnt es sich, positive Impulse dagegenzusetzen, lustige und fröhliche Gemeinschaftserlebnisse zu forcieren und gemeinsam zu lachen oder sich gegenseitig etwas Gutes zu tun. Das ist oft effektiver als jede Form der Konfliktklärung und Aufarbeitung.

### Schnick, Schnack, Schnuck

**Variante 1:** Die Schüler spielen zu zweit Schnick, Schnack, Schnuck. Es gibt nur Stein, Schere und Papier. Sie spielen drei Durchgänge, sodass es möglichst immer einen Gewinner und einen Verlierer gibt.

**Variante 2:** Alle Schüler laufen durcheinander. Wenn sich zwei begegnen, spielen sie Schnick, Schnack, Schnuck. Kommt dabei etwas Verschiedenes heraus (z. B. Stein und Schere), gehen sie einfach weiter und suchen sich einen neuen Spielpartner. Kommt dasselbe heraus, bilden sie zusammen ein Team, klatschen ab und dürfen sich hinsetzen (möglichst nebeneinander, dann hat man schon ein Paar für das nächste Spiel).

In der ersten Variante entsteht Konkurrenzkampf. Es gibt Gewinner und Verlierer. In der zweiten Variante entstehen Komplizenschaft und Zusammengehörigkeit. Die abgewandelte Regel erzeugt etwas völlig anderes. Die Schüler erleben, wie anders sich die Zusammengehörigkeit anfühlt im Vergleich zum Konkurrenzkampf.

## Toaster-Spiel

Alle stehen im Kreis, ein Schüler steht in der Mitte. Um aus der Mitte herauszukommen, versucht er, die anderen auszutricksen, indem er schnell auf jemanden zeigt und dazu einen bestimmten Begriff sagt. Die Person, auf die gezeigt wird, und die beiden Personen rechts und links neben ihr müssen so schnell wie möglich den Begriff darstellen. Wer zu spät reagiert, muss in die Mitte; der andere Schüler darf in die Kreisrunde.

Mögliche Begriffe sind:

- »**Elefant**«**:** Zeigt der Schüler auf jemanden und sagt »Elefant«, muss diese Person sofort einen Elefantenrüssel machen und die beiden Personen neben ihr müssen mit den Händen an ihrem Kopf die Ohren andeuten. Das lässt man die Schüler eine Weile spielen. Mit der Zeit kommen immer mehr Signale dazu.
- »**Storch**«**:** Der Schüler, auf den gezeigt wird, macht einen Storchschnabel und steht auf einem Bein. Die beiden Schüler rechts und links von ihm legen ihre Arme als Flügel auf seine Schultern.
- »**Hase**«**:** Die Person, auf die gezeigt wird, muss Hasenohren mit den Händen machen und Hasenzähne zeigen. Die beiden neben ihr legen ihre Hände als »Pfötchen« an.
- »**Toaster**«**:** Die beiden Schüler rechts und links von der Person, auf die gezeigt wird, reichen sich die Arme, sodass zwischen ihnen ein Toasterschlitz entsteht. Die Person in der Mitte muss hüpfen wie das Toastbrot.
- »**Waschmaschine**«**:** Die beiden Schüler rechts und links von der Person, auf die gezeigt wird, bilden mit den Armen die Maschinentrommel. Die Person in der Mitte ist die Wäsche im Schleudergang (und macht den »Headbanger«).

Man kann sich mit eingespielten Gruppen viele weitere Signale überlegen, wie z. B. den »Mixer« usw.

## Ein-Wort-Geschichte

Eine Übung aus dem Improtheater von Keith Johnston: Zwei Schüler stehen sich gegenüber und erzählen sich eine ausgedachte Geschichte, indem sie sich abwechseln und jeder im Wechsel immer nur ein Wort sagt. Dadurch bilden sich ganze Sätze und Geschichten. Dabei dürfen die Schüler nicht lange überlegen, sondern müssen möglichst schnell das nächste Wort sagen.

Hinterher kann man erarbeiten, wann die Geschichte ins Stocken geraten ist. Den Schülern wird klar, dass man, sobald man auch nur ein Wort sagt, gleich eine ganze Geschichte im Kopf hat, die man erzählen will. Dann kommt vom Partner ein Wort dazu, das nicht in die eigene Geschichte passt, und schon stockt es. Erst wenn sich beide darauf einlassen, dass eine neue Geschichte entsteht, die keiner vorhersehen kann, läuft es besser und wird überraschend lustig.

Das Spiel ist ein guter Aufhänger, um über Streitgespräche und Streitschlichtung zu sprechen. Wenn wir uns darauf einlassen, zuzuhören und den anderen nicht zu unterbrechen, wenn wir davon absehen, Recht haben zu wollen, entstehen Verständnis und Einigung.

## Fingerschnappen

Alle stellen sich in einen Kreis und strecken die Hände zur Seite aus. Die rechte Handfläche zeigt nach unten, die linke Hand streckt einen Finger nach oben. Dadurch hat jeder seine rechte Hand über einem linken Finger vom Nachbarn. Der Lehrer oder die Lehrerin zählt: »1, 2, 3, Schnappen!« Auf »Schnappen« versuchen alle, mit der rechten Hand den linken Finger des Nachbarn zu erwischen und gleichzeitig ihren eigenen linken Finger wegzuziehen.

Das Spiel ist sehr lustig, weil viele es nicht aushalten und schon bei »2« zuschnappen. Man kann ein paar Durchgänge machen. Auch einer der Schüler darf mal zählen.

Das Spiel macht deutlich, dass wir in dem Moment anfangen zu lachen, in dem wir Fehler machen (wenn jemand schon bei »2« schnappt). Diese Erkenntnis, wie befreiend es ist, wenn wir gemeinsam über Fehler lachen, kann man als Aufhänger für ein weiteres Gespräch über Fehlerkultur und Solidarität nutzen.

## Das Gelbe vom Ei

Die Schüler bilden kleine Gruppen von vier bis sechs Personen. Jede Gruppe bildet einen Kreis und gibt sich die Hände. Ein Schüler steht allein im Kreis und macht die Augen zu. Er ist das »Eigelb«. Der Außenkreis ist die »Eierschale«, die auf das »Eigelb« aufpasst. Der Schüler in der Mitte läuft mit geschlossenen Augen langsam los, der Außenring läuft mit und passt auf, dass das »Eigelb« nirgends anstößt. Jeder Schüler ist mal dran, das Spiel kann über die Flure im Haus ausgedehnt werden.

Das Spiel macht deutlich, wie gut es uns tut, wenn wir aufeinander achten und uns unterstützen.

## Wach werden

Eine typische Situation am Montagmorgen: Alle Schüler sind müde und unausgeschlafen. Keiner hat Lust mitzumachen, da das Wochenende zwar schön, aber auch anstrengend war. Der Lehrer selbst ist möglicherweise spät ins Bett gegangen und muss sich mühsam dazu aufraffen, die Klasse zu motivieren. Für solche Momente bewähren sich kurze Wachmacherspiele, um wieder Schwung ins Klassenzimmer zu bekommen. Die Schüler lachen und sind deutlich wacher.

### 1, 2, 3, 4, 5...

Alle stehen im Kreis und zählen laut bis 10. Dazu schütteln alle die rechte Hand. Danach wird wieder bis 10 gezählt, und alle schütteln die linke Hand, dann den rechten Fuß, den linken Fuß und zum Schluss den ganzen Körper. Jetzt geht es wieder von vorne los, aber nur noch bis 9, danach bis 8 und am Ende bis 1. Das Spiel fängt ruhig an und wird zum Schluss sehr schnell. Es ist einfach und eignet sich gut, um mal kurz »durchzulüften«.

### Whoosh

Whoosh ist ein Kreisspiel, das ich durch meine Zusammenarbeit mit der Stiftung HUMOR HILFT HEILEN von Michael Christensen kenne. Dabei werden Impulse im Kreis möglichst schnell weitergegeben. Hier ein paar Varianten:

- »**Whoosh**«: Mit einer Armbewegung – wie etwas im Kreis weiterwerfen – und dem Wort »Whoosh« wird der Impuls im Kreis weitergegeben.
- »**Halt**«: Mit diesem Wort und dazu hochgestreckten Armen kann man den ankommenden Impuls an sich abprallen lassen. Es geht dann in die andere Richtung mit »Whoosh« weiter.
- »**Zack**«: Mit diesem Ruf und nach vorne ausgestreckten Armen, wobei sich die Hände wie ein Pfeil berühren, zeigt man auf jemanden im Kreis, der nicht neben einem steht und den Impuls aufnimmt. Danach darf mit »Zack« oder »Whoosh« weitergemacht werden, aber nicht mir »Halt«.
- »**Boing**«: Wer an der Reihe ist, kann die Arme über dem Kopf zusammenschlagen. Das sehen alle andern und machen mit: Alle schlagen die Hände über dem Kopf zusammen, und mit einem lauten »Boing« rütteln alle kurz den ganzen Körper durch, so ähnlich wie beim Bauchtanz. Das ist eine kleine lustige Pause für alle. Danach macht die Person, die mit dem »Boing« angefangen hat, mit »Whoosh« oder »Zack« weiter.

- »**Ausflippen**«: Wer an der Reihe ist, kann die Arme in die Luft reißen und »Ausflippen« rufen. Dann rennen alle kreischend durch den Kreis und suchen sich einen neuen Platz. Auch hier macht der weiter, der »Ausflippen« gerufen hat.

Das Spiel macht superwach und präsent. Es taut das Eis und hebt die Stimmung.

### Arme hoch

Zwei Personen stehen sich gegenüber. Es gibt drei Bewegungsabläufe:
- Arme hoch
- Arme rechts austrecken
- Arme links austrecken

Nach jeder der Bewegungen schlägt man beide Hände auf die Oberschenkel. Beide Personen legen jeweils ihre eigene Reihenfolge der drei Bewegungsabläufe fest. Solange beide ihre Arme in zwei verschiedene Richtungen strecken, läuft es einfach weiter. Sobald beide zufällig ihre Arme in die gleiche Richtung bewegen, also z. B. die Arme hochstrecken, kommt erst wie üblich der Schlag auf die Oberschenkel, danach aber ein gemeinsamer Abschlag. Dann geht es normal weiter.

Man muss sich bei dem Spiel sehr konzentrieren. Es hilft daher ganz wunderbar, sich sehr schnell wieder präsent und munter zu machen.

### Rhythmus-Klatschen

Alle Schüler stehen in einem Kreis. Der Lehrer klatscht in Richtung Nachbar in seine Hände – immer mit Blickkontakt! Fast zeitgleich wird das Klatschen aufgenommen und an den nächsten Schüler weitergegeben. Jeder klatscht also zweimal.

Wechseln Sie das Tempo öfter, bis ein guter Rhythmus entsteht. Das kann dann mit beliebigen Rhythmen erweitert werden. Auch die Füße können mit Stampfen in den Rhythmus eingebaut werden.

Zu Beginn der Unterrichtsstunde oder nach den Pausen lässt sich dieses Spiel gut einsetzen. Rhythmus-Klatschen ist ideal zum Aufwachen und Anheizen.

## Für Elternabende

Zum Abschluss noch ein paar lustige Einstiege für Elternabende. Einfach machen und gemeinsam lachen – und schon empfinden die Eltern den Abend nicht mehr als verschwendete Lebenszeit. Stattdessen sind sie in einer tollen Stimmung, auf der sich aufbauen lässt.

## Familienporträts

Im Deutschunterricht werden die Schüler aufgefordert, ihre Eltern zu beschreiben. Zu Beginn des Elternabends hängen die Beschreibungen an der Tafel und die Eltern werden gebeten, die auf sie passende Beschreibung herauszufinden. Danach gibt der Lehrer die Auflösung bekannt. Alternativ können im Kunstunterricht Familienporträts gezeichnet oder Knetmännchen gebastelt werden. Die Zuordnung sorgt für viele Lacher.

## Was ist ein Elternabend?

*Anlage 1: So stelle ich mir einen Elternabend vor*
Wenn man Grundschulkindern diese Frage stellt, bekommt man oft lustige Antworten. Die Schüler sollen ihre Antworten auf Kärtchen notieren, die man den Eltern dann am Elternabend zum Einstieg vorlesen oder zum Selbstlesen auf die Tische legen kann (vgl. http://materialwiese.blogspot.de/2014/09/elternabend-in-der-grundschule.html).

## »Wenn meine Eltern auf dem Elternabend sind ...«

*Anlage 2: Wenn meine Eltern auf dem Elternabend sind ...*
Die Schüler werden gebeten zu malen oder aufzuschreiben, was sie gerne an dem Abend machen würden, an dem ihre Eltern in der Schule sind. Die lustigsten Geschichten werden anonym vorgelesen.

## An den Augen sollt ihr sie erkennen

Der Lehrer fotografiert nur die Augen der Schüler. Zu Beginn des Elternabends sollen die Eltern ihre Kinder anhand der Augenfotos erkennen und sich das richtige Foto mit an den Platz nehmen. Danach gibt der Lehrer die Auflösung bekannt.

## Statt einer Vorstellungsrunde

Es wird Musik gespielt, und die Eltern bewegen sich frei im Raum. Wenn die Musik aus ist, stellen sie sich gruppenweise zusammen:

- nach Augenfarbe
- nach Sternzeichen
- nach Anzahl der Kinder
- nach Herkunft / Nationalität…

## Anlage 1: So stelle ich mir einen Elternabend vor

So stelle ich mir einen Elternabend vor:

## Anlage 2: Wenn meine Eltern auf dem Elternabend sind …

Wenn meine Eltern auf dem Elternabend sind …

# Literatur


Ayan, S. (2016): Lockerlassen. Klett-Cotta

Bädermann, K. (2015): So lustig! In: Eltern family, Nr. 4, S. 48 ff.

Birkenbiehl, V. (2005): Humor: An Ihrem Lachen soll man Sie erkennen. Mvg Verlag

Bönsch-Kauke, M. (2003): Psychologie des Kinderhumors – Schulkinder unter sich. Opladen

Brosche, H./Kasten, J. (2015): Mehr Gelassenheit und Achtsamkeit im Schulalltag. Cornelsen

Corssen, J./Ehrenschwendner, S. (2016): Das Corssen-Prinzip. Die vier Werkzeuge für ein freudvolles Leben. arkana Verlag

Dickhäuser, A. (2002): Humor und Unterricht. In: Existenz und Logos, Heft 1, S. 102-125

Doehring, A./Renz, U. (2003): Was ich mir wünsche ist ein Clown. Beltz

Feuerstein, U. (2013): Mit Humor zum Lernerfolg. In: Main Post. www.mainpost.de/regional/main-tauber/Gymnasien-Lernen;art775,7271169 (28.6.2017)

Falkenberg, I./McGhee, P./Wild, B. (2013): Humorfähigkeiten trainieren. Schattauer

Fuchs, H./Gratzel, D. (2007): Launologie. Mit neuem Schwung durchs Leben. Heyne

Greiner, L./Padtberg-Kruse, C. (2015): Nenne drei Nadelbäume: Tanne, Fichte, Oberkiefer. Ullstein

Greiner, L. (2014): So entkommen Lehrer der Stressfalle. Spiegel Online. www.spiegel.de/lebenundlernen/schule/lehrer-burnout-trotz-hoher-zufriedenheit-a-963266.html (28.7.2017)

Häseli, S. (2014): Humor erlaubt: Drei Werkzeuge zum Punkten mit Pointen. www.foerderland.de/job/karriere/artikel/humor-erlaubt-drei-werkzeuge-zum-punkten-mit-pointen (27.6.2017)

Harmsen, T. (2012): Wenn der Lehrer Faxen macht. In: Frankfurter Rundschau, 21. Januar 2012. www.fr.de/wissen/humor-in-der-schule-wenn-der-lehrer-faxen-macht-a-873716 (19.6.2017)

Hermanns, T. (2015): Studie: Wie wir mit Humor besser lernen. In: Motivate Yourself. www.motivate-yourself.de/humor-lachen-macht-schlau/ (28.7.2017)

Hoffkamp, L. (2015): Der Clown. HCD-Verlag

Hüther, G./Hauser, U. (2012): Jedes Kind ist hoch begabt. Knaus

Karasek, H. (2011): Soll das ein Witz sein? Heyne

Kohler, B. (2002): Hausaufgaben. Beltz

Kresse, A./Ullmann, E. (2008): Humor im Business. Cornelsen

Largo, R. (2016): Lernen geht anders. Piper

Lauer, H. (Hrsg.) (2005): Da ist Humor im Spiel. HCD-Verlag

Liebertz, C. (2014): Mit Humor geht alles besser. Spektrum.de. www.spektrum.de/news/lachen-hilft-beim-lernen/1288105 (28.7.2017)

Liebertz, C. (2013): Das Schatzbuch des Lachens. Grundlagen, Methoden und Spiele für eine Erziehung mit Herz und Humor. Don Bosco

McGhee, P. E. (1979): Humour: Its Origin and Development. W. H. Freeman & Co Ltd

McNeely, R. (2015): Using Humor in the Classroom. National Education Association. www.nea.org/tools/52165.htm (28.7.2017)

Metzner, M. (2016): Achtsamkeit und Humor. Schattauer

Meyer, H. (1987): Unterrichtsmethoden II: Praxisband. Cornelsen

Neuß, N. (2003): Humor von Kindern – Empirische Befunde zum Humorverständnis von Grundschulkindern. In: Televizion 16, S. 12-17

Nevo, O./Aharonson, H./Klingman, A. (1998): The development and evaluation of a systematic program for improving sense of humor. In: W. Ruch (Ed.): The Sense of Humor. Explorations of a Personality Characteristic. De Gruyter Mouton, pp. 385-404

Ohm, D. (1997): Lachen, lieben, länger leben. Trias

Ostmann, S. (2016): Humor: Was Kinder zum Lachen bringt. Urbia – Wir lieben Familie. www.urbia.de/magazin/familienleben/humor-was-kinder-zum-lachen-bringt (28.7.2017)

Rossié, M. (2006): Frei sprechen. Econ

Ruch, W./Auerbach, S. (2011): Die vielen Gesichter des Humors. In: Informationen zur Deutschdidaktik, 35(2), S. 18-27

Scherf, M. (2014): Höllenjob Lehrer. Süddeutsche.de. www.sueddeutsche.de/bildung/studie-zu-burn-out-bei-paedagogen-hoellenjob-lehrer-1.1932745 (27.6.2017)

Scheuch, K./Haufe, E./Seibt, R. (2015): Lehrergesundheit. In: Deutsches Ärzteblatt International, 112, S. 347-356. DOI: 10.3238/arztebl.2015.0347. www.aerzteblatt.de/archiv/170601/Lehrergesundheit (28.7.2017)

Schmidt, Th. (2016): Kommunikationstrainings erfolgreich leiten. managerSeminare

Schuler, B./Koeseling, A. (Hrsg.) (2014): Schlachtfeld Elternabend. Eden Books

Spiewak, M. (2013): Ich bin superwichtig. Zeit Online. www.zeit.de/2013/02/Paedagogik-John-Hattie-Visible-Learning (27.6.2017)

Spitzer, M. (2006): Lernen. Gehirnforschung und die Schule des Lebens. Spektrum

Stehr, Ch. (2012): Wer lacht, hat Macht. Spiegel Online. www.spiegel.de/karriere/humor-im-job-gemeinsames-lachen-ist-gut-fuers-arbeitsklima-a-840698.html (27.6.2017)

Stürmer, E. (2015): Lebenskraft Lachen. Tredition

Titze, M./Patsch, I. (2014): Die Humor Strategie. Kösel

Ullmann, E. (2014): Wir haben gut lachen – Ist Humor im Unterricht gesund? Vortrag am 26. März 2014 in Hannover, Forum Unterrichtspraxis, didacta

Ullmann, E. (2008): Humor lernen… eine paradoxe Vorstellung? Der ungewöhnliche Umgang mit Humor als Handlungsinstrument. In: SchulVerwaltung, 10 (1), S. 15-26

Veith, P. (2007): Humor im Klassenzimmer. Vandenhoeck & Ruprecht

von Hirschhausen, E./Caspers, R. (2017): Ist das ein Witz? Kommt ein Kind zum Arzt… Vol. 4. Hörverlag

von Hirschhausen, E. (2015): Glück kommt selten alleine… Rowohlt

von Hirschhausen, E. (2009): Humor auf den Lehrplan! In: Focus-Schule, Nr. 5

Wache, N. (o. J.): Schwierige Elterngespräche erfolgreich meistern. www.nicole-wache.de/elterngespraeche/ (27.6.2017)

Wicki, W. (2004): Humorentwicklung: Warum und worüber Kinder und Jugendliche lachen. Vortrag am 5. November 2004 in Thun, Fachtagung Berner Gesundheit

Zillmann, D./Masland, J. L./Weaver, J. B. et al. (1984): Effects of humorous distortions on children's learning from educational television. In: Journal of Educational Psychology, Vol. 76, No. 5, pp. 802-812

Ziv, A. (1988): Teaching and Learning with Humor: Experiment and Replication. In: The Journal of Experimental Education 57 (1988), pp. 5-15